188. Jacques Boyceau de La Barauderie. — Portrait gravé par C. Huret, d'après A. de Vris. — Dép. des Impr., Rés. S. 292.

V.519.
1-2.

LA
PERSPECTIVE,
AVEC LA RAISON
des ombres et miroirs.
PAR
SALOMON DE CAVS
ANNO DOM. 1612

AV SERENISSIME PRINCE
HENRY PRINCE DE GALLES,
DVC DE CORNVAILLE, &c.

Ereniſſime Prince, ayant depuis deux ou trois ans en çà fait aulcunes leçons de la perſpectiue, & ayant recogneu depuis le temps que i'ay l'hóneur d'eſtre au ſeruice de voſtre Alteſſe, comme elle ſe delecte en toutes ſortes de ſciences, cela m'a enhardy de mettre leſdites leçons en lumiere en langue Françoiſe, d'aultant qu'il me ſemble que ceſte ſcience n'a encores eſté bien demonſtrée en icelle lágue: car ce qui en a eſté fait iuſques à preſent, n'a eſté demonſtré par aulcune raiſon. Et entre les ſciences deſpendantes des Mathematiques, celle icy eſt tant neceſſaire, qu'il eſt mal aiſé d'ordonner bien les ouurages tant d'Architecture que de peinture, que l'on n'en aye quelque cognoiſſance: & comme dit Vitruue au Chap. 2. de ſon premier liure d'Architecture, l'Architecture eſt vne diſpoſition de bonnes conuenances des parties d'vn baſtimét de proportion, meſure, diſtribution & decoration, leſquelles parties enſemble les Grecs nomment taxis, c'eſt à dire, ordonnance: apres fault cercher à donner grace à toute qualité d'ouurages par vne bonne colocation des membres, que les Grecs apellent diatheſis: c'eſt à dire, diſpoſitió, laquelle comprend trois eſpeces qu'ils nomment Idées. Par la premiere (qui eſt dite Ingnografie) eſt entendu le plan ou terraſe des deſcriptions & lineamens des plates formes. La ſeconde eſpece (dite Ortografie) eſt vne repreſentation de la figure releuée du corps ou baſtiment: ainſi par la troiſieſme (nómée Scenografie) on void l'adumbration ou renſondremét, auec le racourciſſement du front & des coſtez d'vne edifice, faite par la raiſon de la perſpectiue. En ces trois eſpeces deſſus declarées naiſantes de l'imaginatió & de l'inuention de l'ingenieur ou Architecte, eſt obſeruée l'eurithmie des Grecs: qui eſt vne conuenáce telle que voſtre Alteſſe deſire qui ſoit guardée au fait de vos baſtiméts & ouurages. I'ay auſſi fait en ce preſent liure quelques demonſtrations pour coloquer les ombres aux corps ſolides: ceſt vne partie de perſpectiue fort neceſſaire pour les peintres: car l'on ne peult repreſenter en la peinture aulcune choſe de bien ſi les ombres ne ſont faites auec quelque raiſon. Outre plus i'ay encores demonſtré la maniere comme les corps ſolides ſe repreſentent dans les miroirs, choſe aſſez peu traitée par cy deuant. I'euſſes bien peu augmenter le tout de pluſieurs autres figures ſi le temps me l'eut permis: mais les ouurages de voſtre Alteſſe m'occupent de telle façon que i'ay eſté contraint de mettre fin au preſent œuure, eſperant d'auoir dans quelque temps le loiſir d'acheuer vn autre œuure ia commencé: & ce attendant, il plaira a voſtre Alteſſe auoir ce mien petit labeur agreable, & prieray touſiours Dieu qu'il luy plaiſe accroiſtre voſtre Alteſſe de ſa ſaincte benediction, & luy donner vne longue & heureuſe vie. De voſtre maiſon de Richemont le premier iour d'Octobre, 1611.

Voſtre obeiſſant & fidelle ſeruiteur

SALOMON DE CAVLS.

Ouys par la grace de Dieu Roy de France & de Nauarre, à nos aimez & feaux les gens tenants nos cours de Parlements, Baillifs, Seneschaux, Preuosts ou leurs lieutenants, & autres iusticiers & officiers qu'il apartiendra, salut. Nostre bien aimé Salomon de Caux maistre Ingenieur, estant en present au seruice de nostre trescher & bien aimé nepueu le Prince de Galles, nous a faict dire & remonstrer, qu'aiant depuis vn long temps employé ses années & ses estudes aux Mathematiques, il auroit faict vn liure intitulé La perspectiue & raison des ombres & des miroirs, lequel sera fort vtille & profitable au public. Mais d'autant qu'il craint que sur les coppies qu'il en pourroit faire imprimer, autres libraires & Imprimeurs de cestuy nostre royaume ce pourroyent ingerer de le faire reimprimer & mettre en vente, le frustrât par ce moyen de ses frais & labeurs, nous requiert humblement nos lettres sur ce necessaires pour y estre pourueu. Nous à ces causes desirant gratifier le dict de Caux comme estant nostre subiet, & l'inciter d'autant plus à continuer de proffiter au public, & mesme afin qu'il se puisse rembourser des frais qu'il pourra faire tant pour l'imprimerie de son dict liure, que pour la taille douce des figures qui seront dedans, luy auons permis & octroye comme de nostre grace specialle, pleine puissance, & authorité Royalle, luy permettons & octroyons par ces presentes, de faire imprimer son dict liure par tel Imprimeur que bon luy semblera. Et mesme de le faire vendre & distribuer par tout nostre Royaume, par telle personne qu'il voudra choisir, & ce durant le temps de six ans, a compter du iour que le dict liure sera acheué d'imprimer : pendant lequel temps nous deffendons a tous Imprimeurs et libraires de cestuy nostre dict Royaume, de reimprimer ou faire reimprimer le dict liure, sans le consentement du dict de Caux, a peine de mil liures d'amende, vn tiers a nous, l'autre aux pouures, et le troisieme au denonciateur. Et mesmes de confiscation de tous les dicts liures dont ils seront trouuez saisis, Si vous mandons que du contenu de nostre presente permission, vous laissiez iouyr et vser pleinement et paisiblemét celuy ou ceux qui auront permission dudict de Caux d'imprimer et vendre son dit liure, sans souffrir qu'il leur soit faict ou donné aucun trouble et empeschement : car tel est nostre plaisir. Donné a Paris ce dixhuictieme iour de Nouembre, mil six cents onze, et de nostre regne le deuxieme.

Par le Roy en son Conseil.
Signé   le Iau.

A MONSIEVR DE CAVLS
Anacrotiche furfon nom.

S i les noms ont en eux quelque force & puiſſance
A uec la ſageſſe, on t'impoſa le nom,
L e ſçauoir vray le rend, dont t'immortel renom
O ſte aux meilleurs Autheurs l'honneur dés ta naiſſance:
M ais ſi l'eſprit des morts, rentre en aultre ſubſtance,
O u ſe gliſſe inſenſible, auec noſtre raiſon,
N ous penſerons de voir, celuy de Salomon
D eſlié de ſon corps, faire au tien reſidence :
E ſtant en ton Auril, ſi remply de ſçauoir,
C onioindre la ſcience, auec la modeſtie:
A yant vn eſprit meur, au printemps de ta vie,
V ne aimable douceur, pleine d'humble deuoir :
L admirable Archimede, & Vitruue reuiuent
S oubs tes inuentions, qui de bien pres les ſuiuent.

Voſtre affectionné ſeruiteur,

Iaques le Maire.

Table des Chapitres du present liure.

AV LECTEVR.

E Liure icy (Bening Lecteur) à esté faict à deux fins,
l'vne pour l'vtilité que l'on peult tirer de cest art de perspectiue, l'autre du plaisir que l'on peult auoir en la speculation
tant des raysons d'icelluy, comme de la pratique, quand à la
premiere, il est vtile à tous Architectes, Ingenieurs, Peintres & generallement à tous ceux lesquels manient le com-
pas, l'Architecte en peut tirer ceste commodité, cest que ayants faict quelque
plan de bastiment portique ou autre chose que ce soyt, & qu'il desire en voir
vne peinture parfaicte comme s'il voyoit la chose en effect, il le pourra faire
selon les raisons qui sont icy demonstrees. quand l'Ingenieur il en peut tirer la
mesme commodité & ayant prins quelque plan que se soit, comme de Iardin
chasteau forteresse ou autre chose, il pourra en faire la demonstration par la
perspectiue, & monstrer ce qui est haut & bas, long & large, les peintres ne
s'en sauroyent passer s'ils veulent bien representer ce qu'ils font, d'autant que
l'art de peinture consiste à representer vne chose naturelle & la faire paroistre
telle à la veue, ce qui ne peult estre bien faict sans vser de vrayes raisons propres en ceste science laquelle sert pour mettre toutes les lignes & traicts en leurs
places, le plaisir que l'on peut tirer de cest art, cest qu'entre tous les arts des Mathematiques cestuy-cy aporte le plus de contentement, car apres que l'on aura
trauaillé à la speculation & pratique qui est vn contentement comme pourroit
estre celuy de la Geometrie, l'on aura de plus le plaisir de voir ce que l'on aura
faict, car de toutes les Mathematiques, il ny à que la perspectiue qui donne
plaisir à la veue or de cest art plusieurs en ont traicté, mais la plus part sans
raisons n'y fondement aucun tirans leurs rays visuels d'vn plan graué, & ont
apres dressé leurs figures partie à plaisir, or pour donner à entendre la raison de
cest art, i'ay mis icy suiuant aucunes Difinitions & Theoresmes, lesquels estant

a   bien

bien entendues sans doubte l'on pourra rendre raison de ce que l'on fera Au
reste i'ay mis le discours des figures le plus brief qu'il m'a este possible supliant
le bening Lecteur d'auoir recours aux figures, si le discours n'en donne l'intelli-
gence ce n'est pas chose facille de demonstrer cest art par escrit. Dieu soyt
guarde de vous.

Avant que traicter de chose aucune, il ne sera mauuais de donner l'intelligence des Figures, d'ont nous traiterons cy aprés, c'est à dire monstrer la forme de chacune figure particuliere auec son nom, car pour la
construction d'icelles figures il n'est besoing icy d'entraicter, c'est vn art particulier d'ont tant de doctes personnages en ont traicté que se seroit super-
fluité d'en monstrer aucune chose, ainsi l'on pourra aprendre en ses figures
leur nom seulement.

. poinct

ligne droite

ligne courbe

ligne courbe

ligne parallelle

parallellogramme

superficie plane

angle aigu

angle obtus

angle droit

triangle ysoselle

triangle scalene

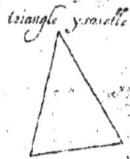

triangle esquilateral

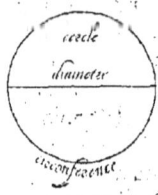

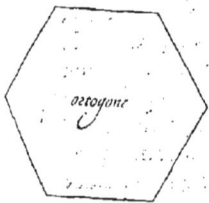

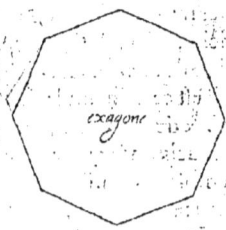

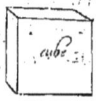

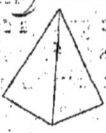

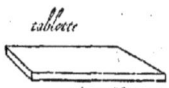

cercle

diametre

circonference

quarre

pentagone

octogone

septagone

exagone

pieamide

globe

cube

octoëdre

dodecaëdre

ycosaëdre

tablette

corpes solide

L'OEIL EST LE CENTRE DE TOVT CE QVE L'ON VOID.

Explication.

Omme toutes chofes vifibles prennent leurs origine de l'œil ainfi eft il le centre de ce qu'on void, & comme l'œil eft diferent en fa forme à chacune perfonne, ainfi eft il que chacune chofe que nous voyons nous femble à aucuns grandes & aux autres petites il femble que la raifon vient de la forme de l'œil, car le poinct duquel nous voyons n'eft pas en la fuperficie de l'œil mais eft dedans iceluy & la chofe vifible fe vient reprefenter en la fuperficie de l'œil qui eft comme vn verre & eftant la le poinct de veüe (qui eft vne goute d'eau autrement appellées nerf optique) reguarde la chofe veüe en la fuperficie de l'œil, & felon que ledict poinct de veue eft pres de la fuperficie de l'œil ainfi nous auons la veüe courte ou longue, comme par exemple: foyt le poinct de veüe, ou goute d'eau, ou nerf optique (quoy que fe foyt car ce n'eft qu'vn poinct duquel nous voyons) marqué A. & foyt la fuperficie de l'œil qui eft comme vn verre marqué B C. & foyt la chofe vifible D E. foyent tirées les rays vifuels du poinct A. iufques à la chofe vifible paffans à trauers la fuperficie de l'œil B. C, alors la chofe vifible fe verra de la grandeur B. C. en la fuperficie de l'œil G. H. & la chofe vifible I. L. & tirez les rays vifuels comme deffus il eft certain que la chofe vifible fe reprefente à l'œil A. plus grande qu'à celùy F. & de la aduient qu'il y à plufieurs perfonnes & notamment en Portugual lefquels ont le poinct de veüe fi profond dans la tefte que tout ce qu'ils voyent femble fi grand à caufe que les rays vifuels fe dilatent fi loing les vn's des autres qu'ils font certains de porter lunettes de racourçiffement pour ayder à rafembler les rays vifuels pour par ce moyen diftinguer la chofe vifible mieux , or ces mefmes perfonnes ont vne aduantage grand à ce qui voyent de pres, d'autant qu'ils voyent les chofes delicates plus parfaictement & auffi font fort propres à faire ouurages delicates, car par comparaifon la groffeur d'vn grain de nauette leur femblera gros comme aucuns vn pois.

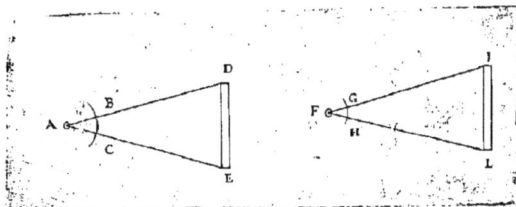

RAIS VISVELS SONT LIGNES DROICTES

IMAGINEES PARTANTS DE LA CHOSE VISIBLE SE VENANS RENDRE A L'OEIL.

Definition deuxiesme.

LA chose veüe se venant à representer à l'œil elle y vient par rayons droicts ou rays visuels, & faut entendre que nous ne tirons lesdicts rays visuels que de chacun angle de la chose visible d'autant qu'ayans tous les-angles de la figure il sera apres facille de tirer les lignes d'vn angle à l'autre pour parfaire ladicte figure.

LA CHOSE VISIBLE EST CE QVE L'OEIL

REGVARDE.

Definition troisiesme.

LA figure que l'œil reguarde est nommée chose visible il y en à de deux sortes de figures ceux qui sont composez de lignes droictes, & ceux qui sont de lignes courbes, ceux qui sont de lignes droictes seront facilles à mettre en racourçissement ceux qui sont de lignes courbes plus difficilles car il faut former des angles au plans desdictes figures pour d'iceux angles tirer des rays visuels & apres quelle raport desdicts angles sera faict au racourçissement il faudra tirer les lignes courbes d'vn angle à lautre auec iugement tellement que tant plus il y aura d'angles aux plans de la chose visible tant plus sera la figure parfaicte au racourçissement qui s'en fera.

LIGNE DE TERRE EST VNE LIGNE REPRE-

SENTANTE LA SVPERFICIE DE LA TERRE.

Definition quatriesme.

EN l'Ignographie la superficie du papier ou est tracée ladicte Ignographie est imaginée pour la superficie de la terre. A l'Orthographie la ligne de bas sur quoy est esleuée la chose visible est imaginée aussi la superficie de la terre.

LIGNE ORIZONTALLE EST VNE LIGNE DE LA HAV-
TEVR DE L'OEIL PARALELLE A LA LIGNE
DE TERRE.

Definition cincquesme.

DE ceste ligne il en sera peu parlé par-cy apres d'autant que le poinct de veüe & d'esloignement represente l'orizon.

LIGNE TAILLEE EST VNE LIGNE IMAGINEE ESLE-
VEE A DROICTS ANGLES SVR LA LIGNE DE TER-
RE QVI COVPE LES RAYS VISVELS.

Definition sixiesme.

LIgne taillée est ainsi nommée d'autant qu'elle est taillée de tous les rays visuels qui partent de la chose visible se venants rendre à l'œil c'est elle qui reçoyt l'obiect de la chose visible comme feroit vn verre plane.

POINCT D'ESLOGNEMENT EST LE PIED DE LA FIGV-
RE QVI REGVARDE LA CHOSE VISIBLE.

Difinition septiesme.

POinct d'eslongnement ou distance est & le poinct ou est le pied de la fi- gure qui reguarde la chose visible lequel poinct se posera tousiours à vne distance raisonnable car s'il estoit si prahe de la chose visible le racour- cissement seroit monstreux c'est à dire estrange à la veüe, la distance doncques que nous donnerons audict poinct d'eslognement sera selon la grandeur de la chose que nous voyons si c'est vne superficie de vingt pieds en quarré pour en auoir vn beau racourcissement il faudra mettre ledict poinct d'eslogne- ment au moins du double de la grandeur de la chose la pratique monstrera tout cecy.

POINCT

POINCT DE HAVTEVR EST VN POINCT DE LA HAV-
TEVR DE L'OEIL PERPENDICVLAIRE SVR LA
LIGNE DE TERRE.

Definition huictiesme.

Q Vand au poinct de hauteur il faut qui soyt du mesme esloignement de la chose visible & quand à sa hauteur il doibt estre tousiours de la hauteur de l'œil de l'homme ce sont viron cincq pieds mais d'autant que l'homme pourroit estre sur vne montaigne ou bien qui sera aucunefois be- soing de voir dans vne court ou iardin ou autre chose qui pour voir faudra esleuer ledict poinct plus haut tellement que son esleuation sera à discre- tion mais à choses indiferentes faut pluftoft le faire de cincq pieds ou enuiron.

IGNOGRAPHIE EST L'ASSIETTE OV PLATTE FORME
DE LA CHOSE VISIBLE.

Difinition nœufuiesme.

P Remier que de faire aucune figure racourcie il nous enfaut sçauoir hau- teur, longeur & l'argeur de toutes les longeurs & largeurs s'il s'en fera vn plan que les Grecs nomment Ignographie.

ORTOGRAPHIE EST TOVTES LES HAVTEVRS DE LA
CHOSE VISIBLE QVE L'ON DESIRE METTRE EN
RACOVRCISSEMENT.
Difinition dixiesme.

L Autre plan apellé des Grecs Ortographie est vn esleuement de la chose visible au deffus de la ligne de terre.

SCENOGRAPHIE EST LE RACOVRCISSEMENT DE
LA CHOSE VISIBLE.
Definition onziesme.

S Cenographie, c'est à dire description des Scenes ou Theatres à este ainsi dicte des Grecs à cause comme dict Vitruue liure 7. Chap. 5. que les Grecs premiers inuenteurs des arts & desquels nous retenons les noms feingoyent auec leurs peintures diuerses sortes de colonnes contre les murailles & con- trefaisoyent les Scenes d'ont y en auoyt de trois sortes tragiques comiques & satiriques du depuis tout ce qui à esté racourcy par raisons de perspectiue se nomme scenographie comme il se peut encores voir dans le mesme Au- theur liure premier Chap. deuxiesme.

AVCVNS THEORESMES SERVANTS
A LA DEMONSTRACION DE LA PERSPECTIVE.

Theoresme premiere.

LES CHOSES SONT VEVES OV LES RAIS VISVELS ARRIVENT.

Explication.

ENcores que ce Theoresme se donne assez à entendre si est ce qui ne sera mauuais d'en donner quelque ex-plication & exemple ; soyt l'œil A la chose visible B C. d'autant que les rays visuels arriuent à chacun bout de la chose visible sans trouuer empeschemét ainsi elle est veuë en son entier.

Theoresme deuxiesme.

LES CHOSES NE PEVVENT ESTRE VEVES OV N'ARRI-VENT POINT LES RAYS VISVELS.
Explication.

CEcy ce peut entendre par la precedente car s'il y à quelque chose derriere la chose visible B C. comme D E il est certain que d'autant que les rays visuels n'y peuuent arriuer que icelle chose D E ne pourra estre veuë.

Theoresme troisiesme.

CE QVI EST AV DESSVS DE L'ORIZON SE VOID PAR LE DESSOVBS.

Explication.

SOyt l'œil A la chose visible B. C. laquelle est au dessus de l'orizon ainsi comme les rays visuels arriuent pàr dessoubs la chose visible ainsi ladicte chose sera veuë par le mesme costé.

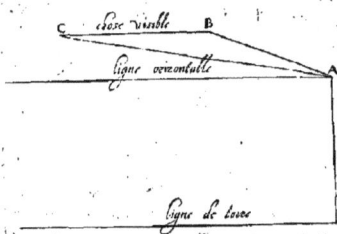

Theoresme quatriesme.

CEST QVI EST AV DESSOVBS DE L'ORIZON SE VOID PAR LE dessus.

Explication.

SOyt l'œil A & la chose visible B C les rays visuels arriuants au dessus ainsi sera elle veue par le mesme costé.

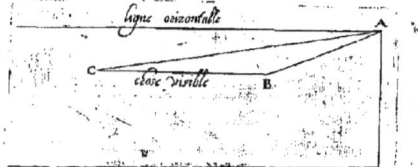

CE QVI SE VOID SOVBS PLVS GRAND AN-
GLE SE MONSTRE PLVS GRAND.

Explication.

SOyt l'œil A. & qu'il y ayt deux chofes vifibles d'vne mefme grandeur, à
fçauoir BC & DE. efloignées l'vne de
l'autre les rays vifuels eftans tirées, vous
voyez que les deux chofes vifibles auec le
poinct de l'œil font deux triangles & l'angle du poinct A du triangle A. D. E. eft
plus grand que l'angle du mefme poinct
A. B. C.

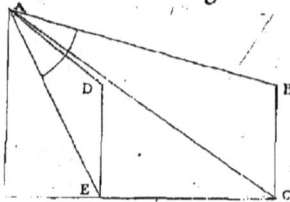

Theorefme fixiefme.
CEQ VI SE VOID SOVRS AN-
GLES EGAVX SE MON-
STRENT EGAVX.
Explication.

SOyt l'œil A. & les chofes vifibles D E. &
B C. foyt tiré les rays vifuels & foyt fait
la portion de cercle F G H I l'angle A H I eft
égal à A F G. d'autant que la diftance I. H.
eft égale à G F. mais la chofe vifible B C eft
plus grande que D E lefquelles neaumoins
fe monftrent égales d'autant qui font veue
foubs angles égaux.

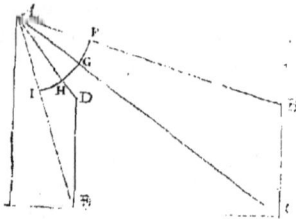

Theorefme feptiefme.
CE QVI SE VOID SOVBS PLVS
PETIT ANGLE SE MON-
STRE PLVS PETIT.
Explication.

C'Eft la mefme raifon du 5. Theorefme l'angle A D E eftant plus petit que
A B C ainfi la chofe fe monftrera plus petite.

De la fenfuyt que des chofes d'vne mefme grandeur la plus efloignée de l'œil
fe monftre la plus petite, & cecy eftant vn des principaux fondements de la perfpectiue i'en donnera encores c'eft exemple: foyt l'œil A & qu'il y ayt deux vergettes d'vne mefme grandeur plantées perpendiculaires fur la terre la plus eflog-
née foyt marquée B C. & la plus prochaine D E. les rays vituels feront tirées de

chacun bout des vergettes
au poinct de l'œil A. vous
voyez q̃ les rays vifuels de
la vergette B C. coupe celle D E. aux fectiõs F G. nous
dirons dõcques que la vergette B C fe mõftre fur celle D E. de la grandeur F G.

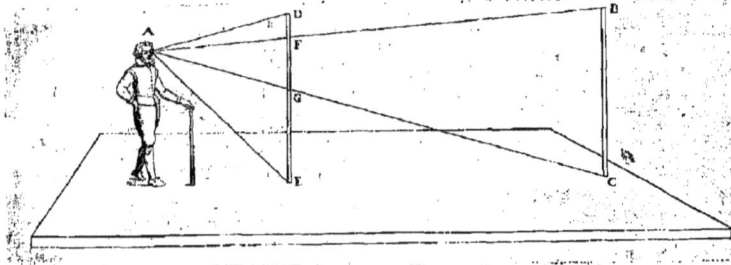

LES CHOSES EGVALLES QVI SONT PERPEN-
DICVLAIRES DONNENT LEVRS RACOVR-
CISSEMENTS DELLES MESMES.

Explicacion.

Oyt la ligne perpendiculaire diuisée en parties esguilles,
comme B C. C D. D E. E F. & soyt l'œil marqué A les
rays visuels seront tirées de chacun poinct des grandeurs
iusques à l'œil apres tirer vne ou plusieurs lignes perpendiculaires entre l'œil & la ligne grauée toutes les grandeurs seront éguales selon la trente septiesme proposition du premier des elements d'Euclide ou il dict que tous triangles
estant sur mesmes bases & entre mesmes paralelles font egaux entre eux le triangle donecques B C A. est égal à C D A & à tous les autres aussi qui sont faicts
sur la mesme ligne, apres selon la deuxiesme proposition du sixiesme, il dict que
si vne ligne droicte coupe les deux costez d'vn triangle les angles seront proportionnaux entr'eux, & si les angles sont proportionnaux entre eux, il est
necessaire que tous les costez soyent esgaux de la ligne G H. ainsi il se peut
voir par ceste raison que toutes les grandeurs estants perpendiculaires ne donnent aucune racourçissement.

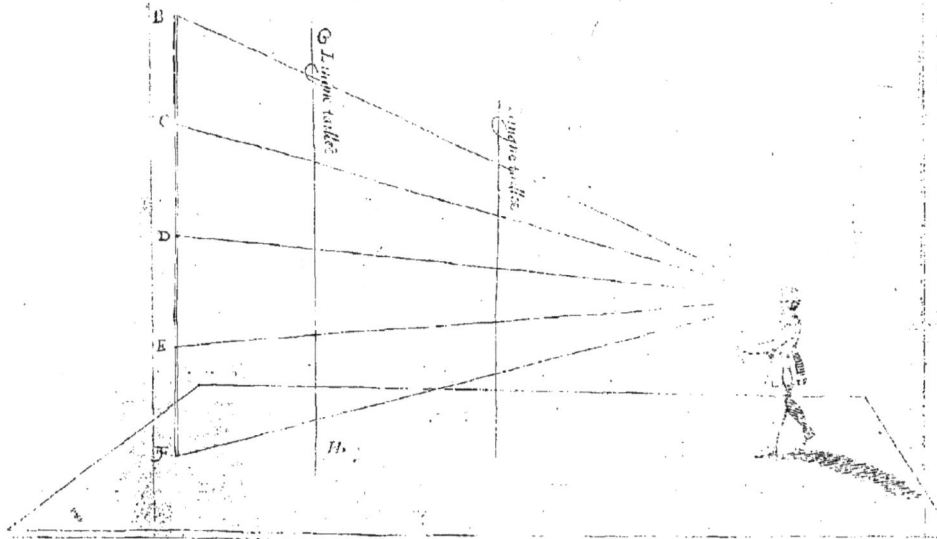

Ie donneray encores vn autre exemple d'autant que cecy merite d'estre entendu, soyt vn bastiment ou tour esleuée de cent pieds de haut, & qu'il y ayt des
fenestres marquées celles de haut B. & celles de bas C. & soyt l'œil A. soyt
apres tirées les rays visuels lesquels passeront à trauers la ligne taillée, il est certain que le racourçissement qui sera sur la ligne taillée tant de celles de haut que
celles de bas sera esgual, mais il est bien certain que c'elles de bas qui se voyent
soubs plus grand angle se monstrent plus grandes selon le cincquiesme Theoresme, & pour monstrer de combien soyt faict le cercle F. D. H. I. d'ont l'œil sera le centre, or la grandeur F D. est plus petite que H I. autant en proportion
comme la fenestre B paroist plus petite que C.

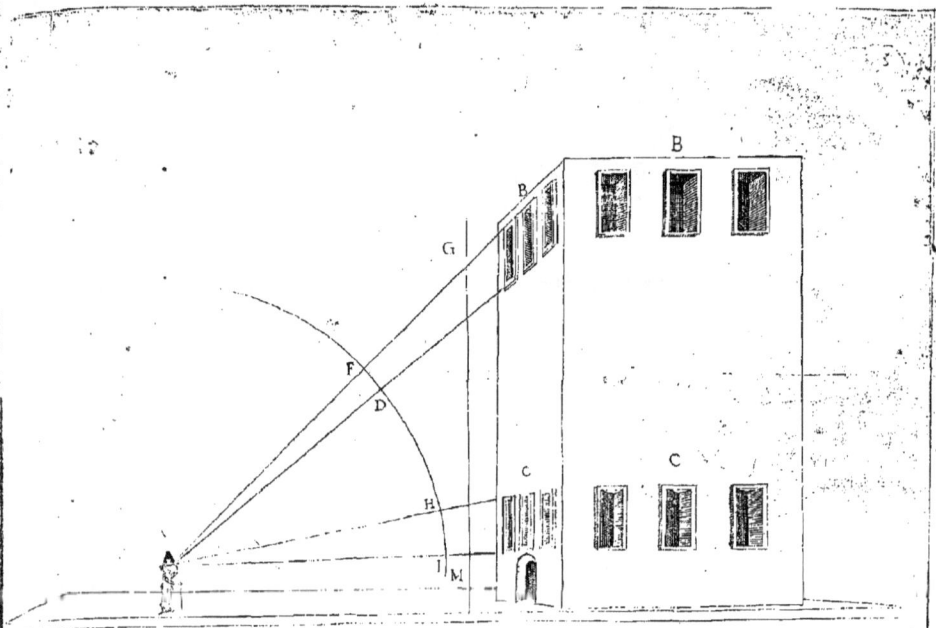

LA CHOSE VISIBLE PARALELLE A LA LIGNE TAILLEE DONNE SON RACOVRCISSEMENT D'ELLE MESME.

Explication.

Oyt par exemple les deux quarrez B C. & D E. en racour-ciſſement, or B C. eſt plus eſloigné de l'œil que D E. & auſſi ledict coſté B C. eſt veu de trauers & non de front ces rai-ſons ſemble qu'il deuburoit eſtre plus petit au plan racourçy mais ſi la ligne taillée eſt paralelle audicts coſtez le racourçi-ſſement en ſera égual, c'eſt à dire L M ſera égual à N O. & pour voir de combien L M. eſt plus petit que N O ſoyt tiré le demy cercle F G H I. ainſi le coſté B C. ou L M. ſe monſtrera ſoubs la grandeur F G., & le coſté D E ou N O. ſoubs la grandeur H I.

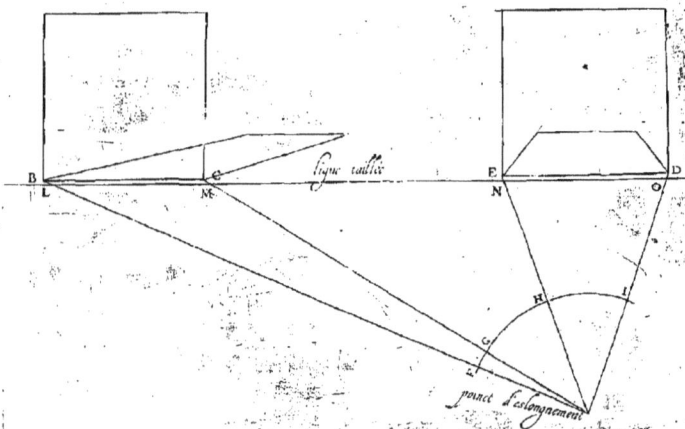

LA CHOSE VISIBLE ESTANT MISE EN RACOVRCISSEMENT EST SEMBLABLE A LA MESME CHOSE VEVE A TRAVERS VN VERRE AV L'ON Q̃.VELLE VERRE MARQ̃ VEROIT LADICTE FIGVRE.

Theoresme dixiesme.

LA Feneſtre d'Albert Durer donne la demonſtracion de ce preſent Theoreſme, ie donneray icy le moyen de la practiquer & apres la demonſtracion en ſera donnée. Soyt vn cube poſé ſur vne table, marqué A. B. C. D. E. F. G. ſoyt auſſi vne feneſtre poſée ferme ſur ladicte table en ſorte quelle ſoyt dans vn chaſis & qu'elle puiſſe ouurir & ſerrer auec facilité, ſoyt auſſi vn filet ataché à coſté de ladicte feneſtre ou il aye vne petite patenoſtre qui ſe puiſſe gliſſer par ledict fillet, apres ſoyt ataché vn petit anneau à la muraille marqué H. & qu'il y paſſe vn fillet ou il y aura vn plomb au bout, & à l'autre bout ſera atachée vne petite vergette, ſoyt apres faict la pratique en ceſte ſorte, qu'il y aye vn homme au bout de la table & l'autre près de la figure que l'on deſire racourcir lequel auec la vergette ou ſera ataché le filet la pouſera à l'vn des angles de la figure, alors l'autre homme mettra l'autre fillet de trauers la feneſtre en ſorte qu'il puiſſe atoucher l'autre, puis faut aprocher la patenoſtre à l'atouchement, alors l'on ſerrera ladicte feneſtre & au lieu ou la patenoſtre atouchera la feneſtre, faudra marquer vn poinct & ainſi faire à tous les autres angles de la figure, & faut noter qu'il faut tirer les lignes d'vn angle à l'autre de peur de confuſion en meſme temps que les poincts ſont formées, ainſi vous aurez le racourciſſement d'vn cube ou de ce qu'il vous plaira racourcir & à la pratique de cecy faut conſiderer que H eſt le poinct de veüe la cube la choſe viſible, la table la ligne de terre, la feneſtre la ligne taillée le filles A H. les ray viſuel, le plan du cube d'eſcrit ſur la table l'Ignographie, l'eſleuement dudict cube l'Ortographie, & le racourciſſement qui eſt d'eſcript contre la feneſtre la Scenographie, or pour demonſtrer que la choſe viſible eſt miſe en racourciſſement comme ſi elle eſtoyt deſcripte contre vn verre ſoyt au lieu de ladicte feneſtre poſé vn verre dans le chaſis, & ſoyt l'œil au poinct H il eſt certain que l'on verra dans ledict verre ledict cube en la meſme forme comme eſt le racourciſſement faict contre la feneſtre, car le fillet allant droict du poinct de veüe aux angles du cube eſt au lieu meſme ou ſeroit le ray viſuel contre le verre.

POVR

POVR METTRE VNE SVPERFICIE PLANE
QVAREE EN RACOVRSISSEMENT.

Chapitre Premier.

Oit faict le plan ou Ignographie du quarré A. B. C. D. & pour l'autre plan qui doibt estre l'Orthographie faut tirer vne ligne de terre E. F. & marquer sur icelle vn des costez du quarré aux poincts G. H. puis fault asoir le poinct d'eslongnement à volonté qui sera marqué O. puis tirer la ligne taillée I. L. apres faut tirer les rais visuels de chacun angle du quarré au poinct O. lesquels couperont la ligne taillée aux poincts 3. 1. 2. 4. & apres faut esleuer le poinct de hauteur sur la ligne de terre de l'Orthographie & qu'iceluy poinct soit aussi loing de la ligne taillée comme celuy d'eslongnement apres tirez les rais visuels des poincts G. H. audict poinct de hauteur marqué M. lesquels couperont la ligne taillée aux poincts 5. 6. apres fauldra faire le transport des lignes racourcies qui sont sur les deux lignes taillées en ceste façon.

Soit tiré sur la ligne I. L. vne ligne occulte marquée M. E. laquelle representera N. O. & que la hauteur M. E. soit pareille à la hauteur du poinct de hauteur E. M. & soit marqué sur I. L. les poincts 3. 1. 2. 4. & soit esleué des lignes occultes perpendiculaires sur lesdicts poincts apres soit prins la hauteur de l'Ortographie du poinct R. (qui est le poinct sur la ligne de terre ou la ligne taillée s'esleue) au poinct 5. laquelle hauteur se mettra au racourcissement sur les poincts 3. 4. aux poincts E. D. puis tirer la ligne E. D. & faut apres prendre la hauteur R. 6. & la dresser sur 1. 2. aux poincts A. B. puis tirez la ligne A. B. apres tirez la ligne A. E. & B. D. le quarré sera mis en racourcissement.

Quand au poinct d'ou il faut veoir ledict quarré il sera perpendiculaire sur le poinct E. de la hauteur M. & aussi eslongné dudict poinct M. comme est la ligne taillée des poincts deslongnement ou de hauteur.

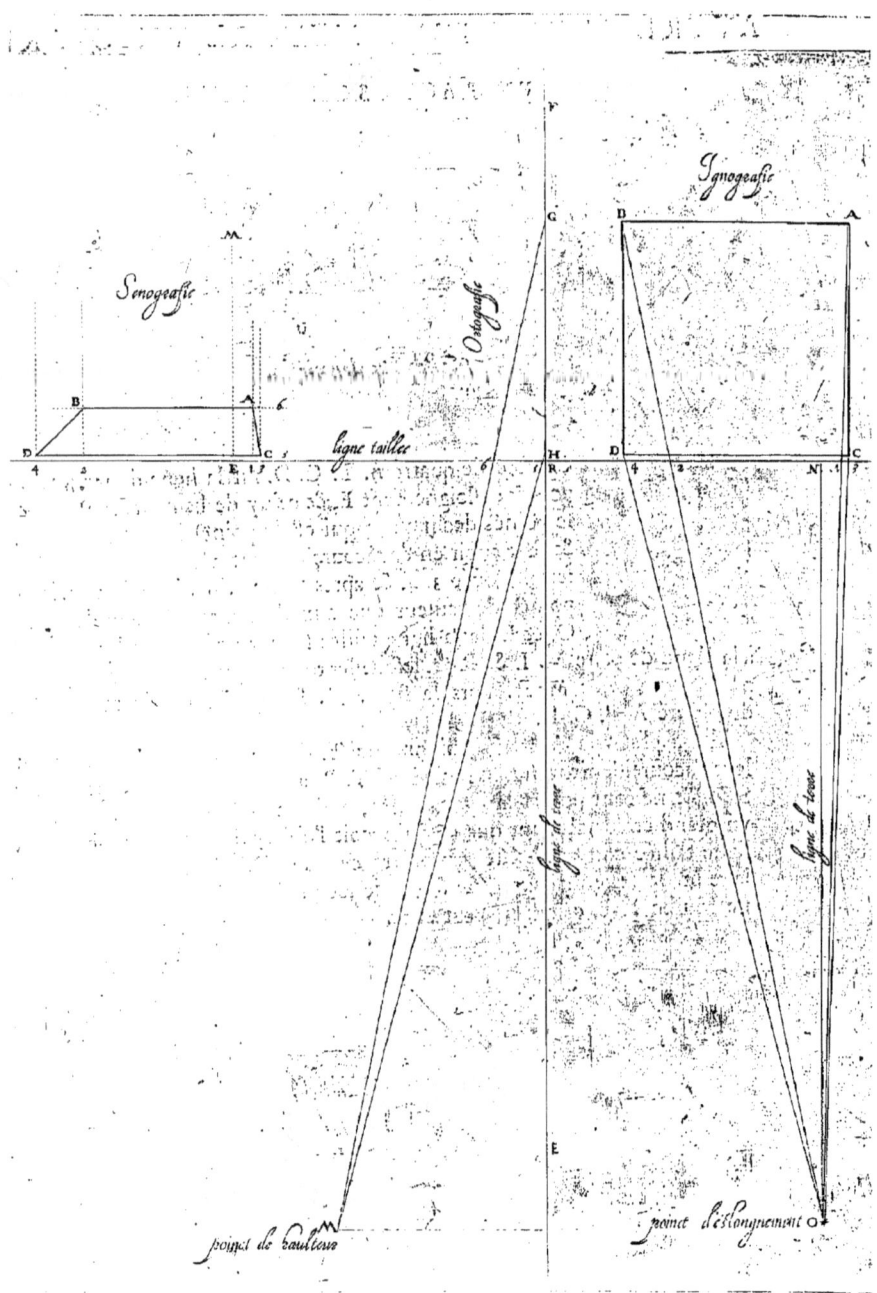

Ignografie

Senografie

Ortografie

ligne tailler

Senografie

G   D   A

H   D   4   2   N   C
4   2   E   H   6

M

B   A

D   C
4   2   E

ligne de terre

ligne de terre

E

poinct de haulteur   M   poinct d'eslongnement   O

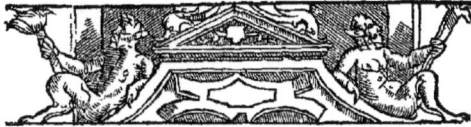

Chapitre deuxiefme.

Oit faiɕ le quarré A. B. C. D. fur la ligne de terre 1. 2. & le poinɕ defloignement E. & celuy de hauteur F. apres foit faiɕ le poinɕ declinateur qui eſt le poinɕ à l'opofite de l'oeil T. & faut auoir en ce racourçiſſement vne ligne taillée laquelle fera marquée 3. 4. & apres foyent tirez les raiz viſuels tant au poinɕ de hauteur que aux declinateur & aux deux feɕions O. & I. de la ligne taillée foyent tirées deux lignes pararelles à la ligne de terre M. I. & P. O. leſquelles toucheront aux deux raiz viſuels aux poinɕts P. O. & M. R. alors la figure M. P. Q. R. fera le racourçiſſement du quarré A. B. C. D.

Il y à pluſieurs Auɕeurs qui ont traiɕé de la perfpeɕiue leſquels prennent leur racourçiſſement fur le ray viſuel T. B. à la feɕion S. & font la pararelle S. Z. & ne font poinɕ la ligne taillée, mais en ceſte façon de racourcir : il y à vn grand erreur d'autant que ce qui reçoit l'obieɕ de la chofe viſible qui eſt la ligne taillée comme à eſté demonſtré cy deuant doibt eſtre pofé perpendiculaire fur la terre mais en ceſte façon de racourçir l'obieɕ eſt receu fur vne ligne courbe T. B. ce qui ne peut eſtre.

POVR

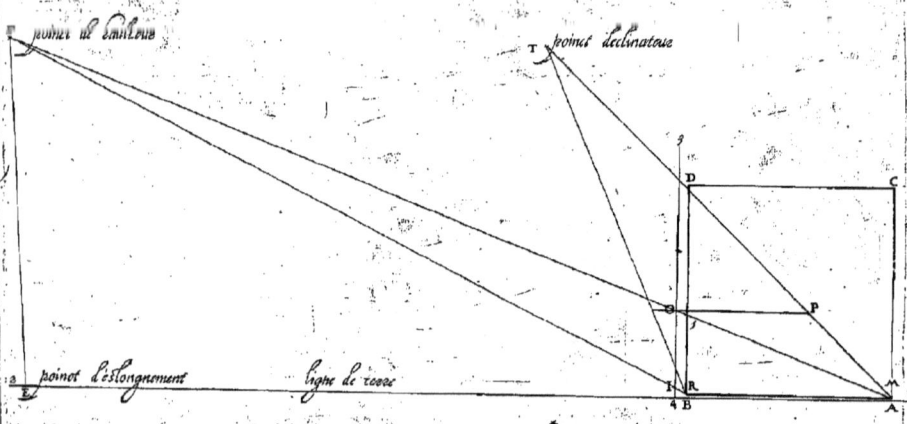

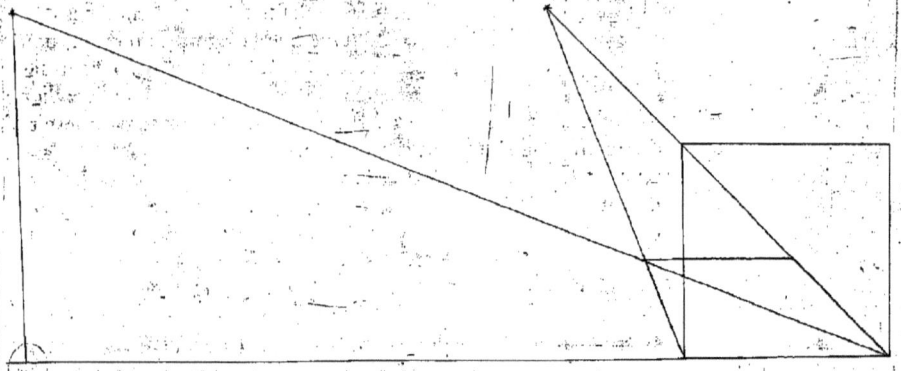

poinct d'émileur

poinct declinateur

poinct d'eslongnement   ligne de terre

POVR METTRE EN RACOVRCISSEMENT VN
QVARRE DVQVEL VNG DES ANGLES SERA
TOVRNE VERS LA VEVE.

Chapitre troisiesme.

Oit le quarré A. B. C. D. le poinct d'esloignement E. soyent tirez les raiz visuels de chacun angle du quarré lesquels couperont la ligne taillée aux poincts 2. 1. 4. 3. soit apres faict l'Orthographie en sorte que chacun angle du quarré soit esleué sur la ligne de terre comme il est en l'Ignographie soient apres tirées les raiz visuels, lesquels couperont la ligne taillée aux poincts 5. 6. 7. apres faut faire le transport des lignes raccourçies, comme à esté enseigné par les precedentes.

POVR METTRE EN RACOVRCISSEMENT VN
QVARRE LE QVEL SERA VEV OBLIQVEMENT.

Chapitre quatriesme.

Oit le quarré A. B. C. D. & le poinct d'esloignement E. & la ligne taillée L. M. or d'autant que la ligne de terre du poinct d'esloignement doibt estre tousiours à droicts angles auec la ligne taillée ainsi ce quarré icy sera veu obliquement, car si ladicte ligne taillée estoit pararelle à vn des costez dudict quarre, le racourçissement seroit d'vne autre façon comme il sera monstré au Chap. suiuant, doncques pour auoir le racourçissement suiuant comme ladicte ligne taillée est placée, faut tirer les raiz visuels des quarres angles de l'Ignographie, apres faut faire l'Ortographie en ceste façon soit tiré la ligne de terre P. E. laquelle coupera la ligne taillée à droicts angles, faut apres mesurer la distance de ladicte ligne au poinct D. & poser la mesme distance sur la ligne de terre de l'Orthographie apres faut mesurer l'autre distance C. de la ligne taillée & la raporter encores sur la ligne de terre & ainsi des deux autres angles B. A. & quand il's feront posées il faut tirer les raiz visuels au poinct de hauteur lesquels couperont la ligne taillée aux poincts 5. 6. 7. 8. puis faut raporter les hauteurs & largeurs pour en faire le racourçissement en la façon susdicte.

POVR

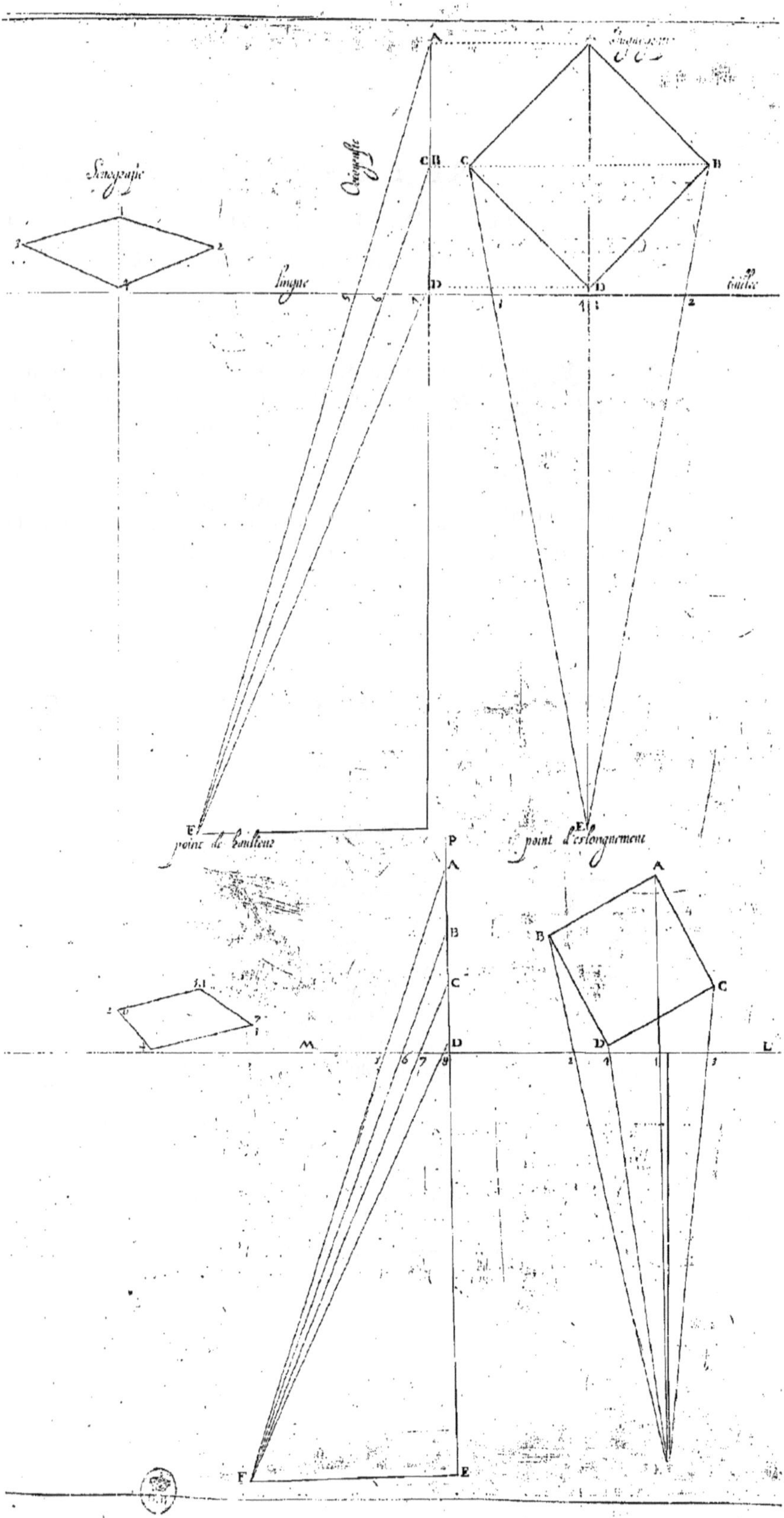

Scenographie

Orthographie

Ichnographie

ligne   D   D   taille

point de hauteur   P   point d'eslonguement

A
B
C

M   D   L

A
B   B   C
C
D   D

F   E

Chapitre cincquiesme.

Oit le quarré A. B. C. D. de la grandeur du precedent auec la ligne taillée L. M. & le poinct E. du mesme esloignement que le precedent & en la mesme situation soit apres tirée la ligne taillée O. P. pararelle au costé C. D. & soyent tirez les raiz visuels lesquels couperont toutes les deux lignes taillées differemment , & pour dresser l'Orthographie suiuant la ligne taillée O. P. faut tirer la ligne de terre G. E. qui coupera ladicte ligne à droicts angles: & que le poinct E. soit aultant distant de ladicte ligne comme le poinct d'esloignement E. de l'Ignographie apres dressez le poinct de hauteur F. & tirez les rayz visuels, apres faictes le transport des lignes racourçies comme à esté enseigné par cy deuant, mais il faut prendre les largeurs sur la ligne taillée de l'Ignographie sur celle marquée O. P. & le racourçissement sera 1. 5. 2. 6. 3. 7. 4. 8. lequel est different du precedent, encores qu'il soit veu de mesme longeur & hauteur, mais la ligne taillée à aporté ceste diuersité.

POVR METTRE EN RACOVRCISSEMENT VNE
FIGVRE PLANE DE COSTEZ INESGAVX.

Chapitre sixiesme.

Oit la figure ou superficie plane marquée A. B. C. D. E. le poinct d'esloignement F. & soit faict l'Orthographie sur la ligne de terre que chacun angle de ladicte figure soit marqué sur ladicte ligne de la distance de la ligne taillée comme aux precedentes apres faut tirer les raiz visuels & raporter la hauteur de chacun angle auec sa largeur comme il est sur la ligne taillée pour en faire le racourçissement.

POVR

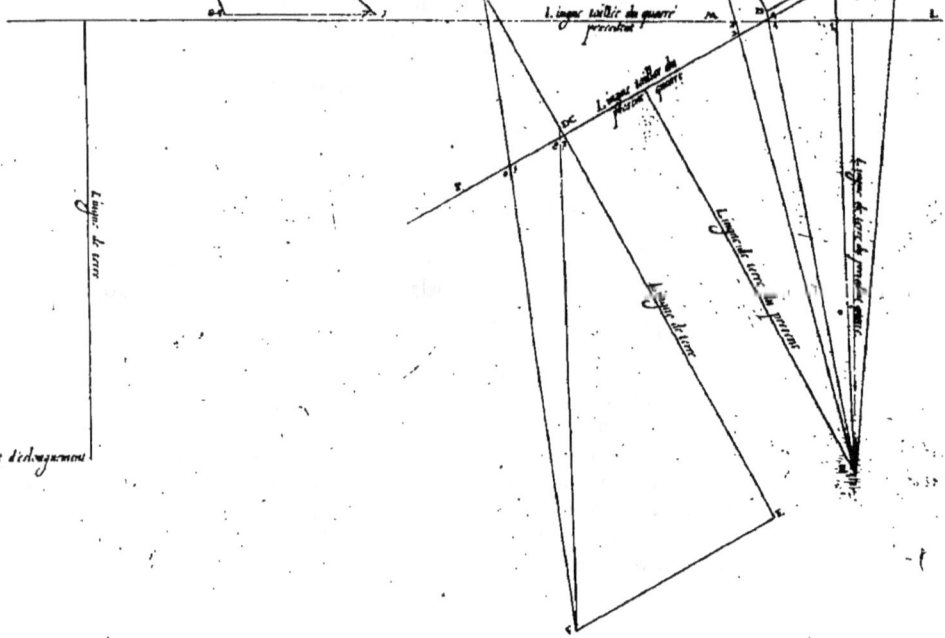
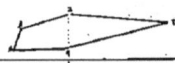
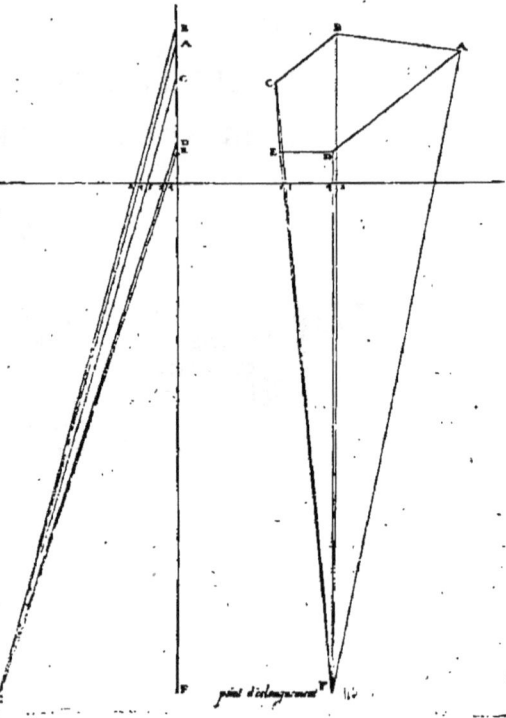

Chapitre Septiefme.

Outes figures compofées de lignes courbes ne fe peuuent re-
duire en racourçiffement que par le moyen des droictes à
caufe qu'il faut former des angles pour tirer les raiz vifuels
comme par exemple, foit le cercle A. lequel fera diuifé en 16.
parties efguales par la circonférence & de chacun angle feront
tirez les rayz vifuels, apres faut faire l'Orthographie comme à
efte enfeigné par les precedentes & pour faire le racourçiffe-
ment faut tirer tous les coftez auec lignes occultes puis faire la circonférence à
l'entour laquelle fe fera à iugement, car de regle pour conduire les lignes courbes, il ny en à aucune mais pour les faire plus faciles il faut faire plus grande
quantité d'angles.

C'Eft autre Cercle B. eft veu obliquement à caufe que le poinct d'efloignement n'eft point vis à vis du centre du cercle ou pour autrement entendre à caufe que la ligne taillée ne coupe point la ligne qui part du centre venant au point d'efloignement. a droits angles

DES

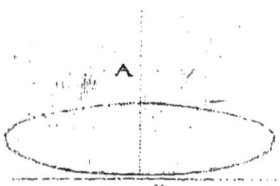

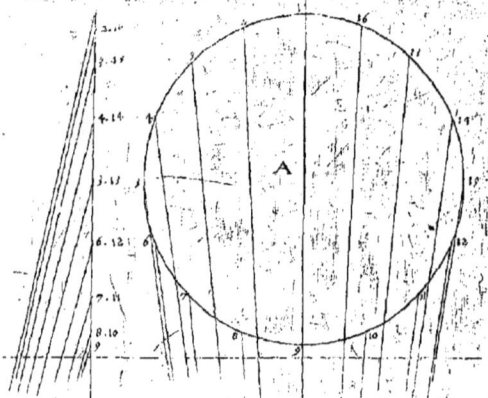

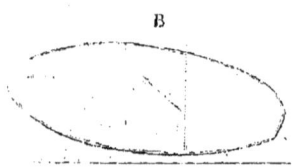

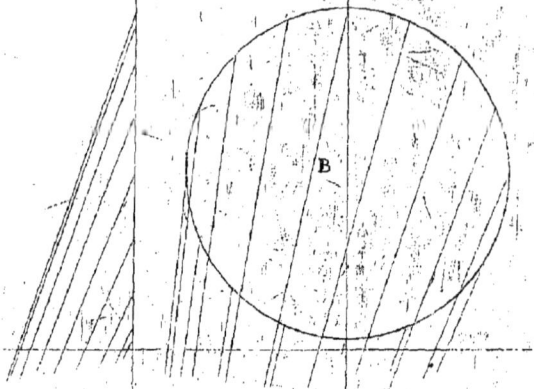

A

B

3.15

4.14

5.13

6.12

7.11

8.10

16

A

B

poinct de haulteur du
Cercle A

poinct de longueur du
Cercle A

de haulteur du
B

poinct de longueur du
Cercle B

DES CORPS SOLIDES

POVR METTRE VN CVBE EN RACOVRCISSEMENT.

Chapitre huictiefme.

L A façon de mettre les corps folides en racourçiffement fe faict par la mefme maniere comme les fuperficies planes & faut dreffer fur la ligne de terre de l'Orthographie toutes les hauteurs de ce que l'on veult racourçit comme par exemple foit le plan ou Ignographie du cube A. B. C. D. & le poinct d'efloignement E. foyent tirées les raiz vifuels dudict poinct ainfi qu'à efté enfeigné par-cy deuant & pour faire l'Orthographie foit tirée la ligne de terre G. H. fur laquelle faut pofer les poincts A. B. & C. D. pour le plan dudict cube & pour l'efleuement faut dreffer les lignes A. B. E. & C. D. F. puis tirer les raiz vifuels du poinct de hauteur à tous les angles de l'Orthographie apres le racourçiffement fera faict en cefte façon foient tirées deux lignes I. L. & M. N. fe croyfans, à droicts angles faut pofer fur M. N. toutes les largeurs qui font fur la ligne taillée de l'Ignographie, puis fur I. L. toutes les hauteurs de la ligne taillée de l'Orthographie, puis faut tirer toutes les lignes occultes du plan dudict cube comme fi c'eftoit vng quarré apres faut efleuer les lignes perpendiculaires à la hauteur marquée fur la ligne taillée de l'Orthographie la figure en donnera l'intelligence facile.

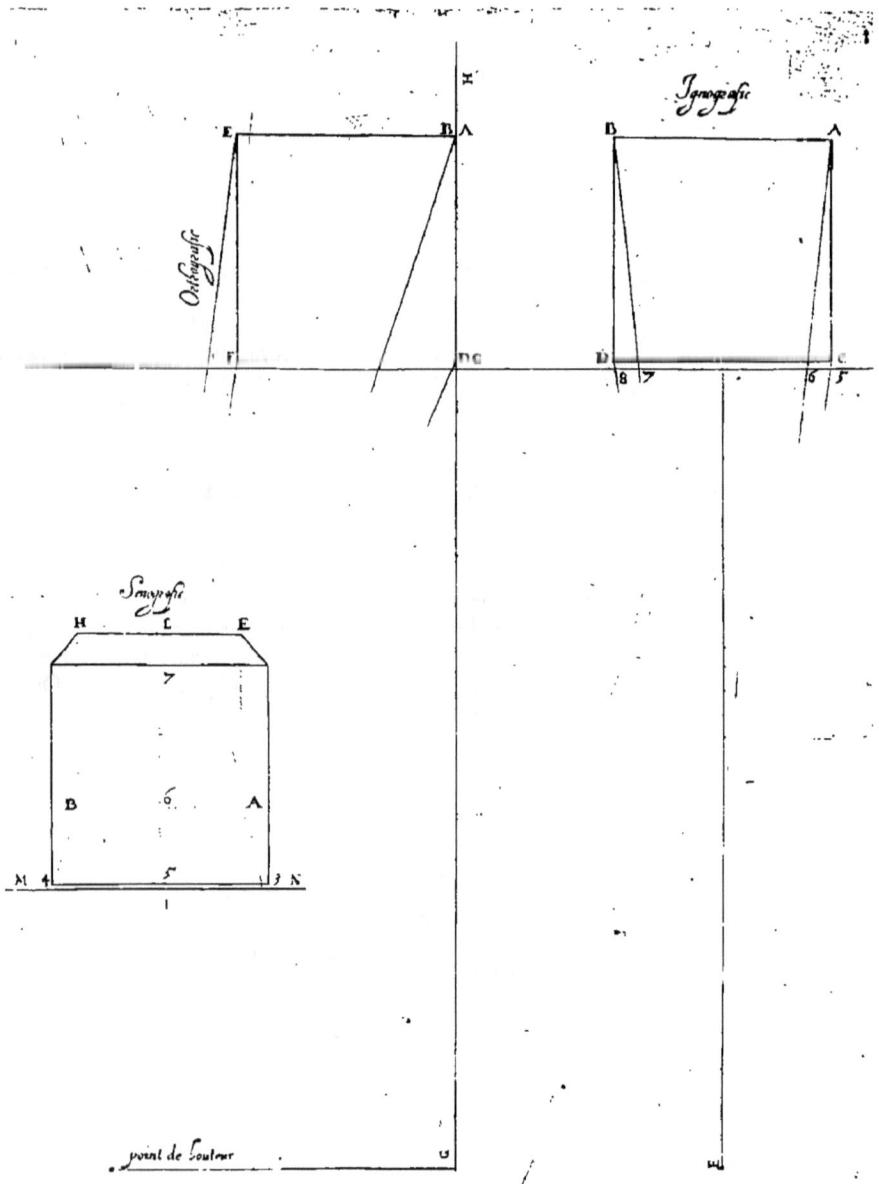

Ortografía

Icnografía

Scenografía

point de ſouteur

SEMENT DVQVEL VN DES ANGLES SERA

TOVRNE VERS LA VEVE.

Chapitre nœufuiefme.

Oit le plan ou Ignographie marqué A. B. C. D. & le poinct defloignement E. & tirez les rays vifuels de chacun angle au poinct E. puis faut faire l'Ortographie fur la ligne de terre A F & prenes la diftance depuis la ligne taillée de l'Ignographie iufques au poinct A & poferez la mefme diftance depuis ladicte ligne taillée au poincts A E. & tirez la ligne A E qui eft le hauteur dudict cube, puis prenez encores les autres diftances femblables & les pofez en ladicte Ortographie, & tirez la ligne E H qui eft le diametre dudict cube, apres tirez les rays vifuels & faictes le raport des lignes au racourçiffement.

POVR METTRE VN CVBE EN RACOVRCIS-
SEMENT VEV OBLIQVEMENT.

Chapitre dixiefme.

E prefent racourçiffement fe fera fuiuant les raifons fufdictes, & comme à efte enfeigné au cincquiefme Chap. à mettre vne fuperficie plane quarrée en racourçiffement car il ny à icy que la hauteur d'auantage qui fe fera par les mefmes raifons.

POVR

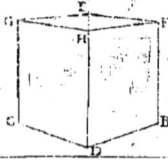

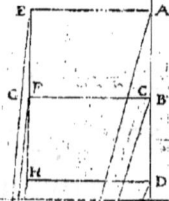

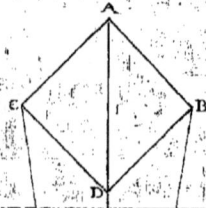

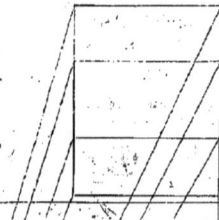

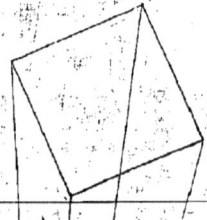

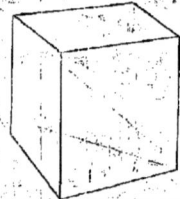

Chapitre onziesme.

 E plan ou Ignographie d'vn cube dreffé fur la poincte, eft
de figure Exagone comme il fe peut voir par la conftruc-
tion & du centre dudict Exagone foit tiré des lignes à
chacun angle, alors le trapere A. B. C. D. fera le plan
d'vn des coftez du cube d'ont l'angle B. fera l'angle de
deffus, le trapere A. E. H. D. fera le plan du fecond cofté d'ont le poinct H. qui eft commun auec le poinct F.
fera le poinct de l'angle de deffoubs. Le trapere H G C D fera le plan du
troifiefme cofté, ainfi les autres traperes feront les plans des autres coftez,
or pour faire l'Ortographie faut tirér des lignes pararelles à la ligne taillée
de tous les angles de l'Ignographie fur la ligne de terre de l'Ortographie, &
fur lefdicts poincts faut efleuer chacun angle perpendiculaire fur ladicte ligne, comme il fe peult comprendre en eftudiant fur la figure & le tranfport
ou racourciffement fe fera comme les precedentes.

POVR

Chapitre onziefme.

 E plan ou Ignographie d'vn cube dreffé fur la poincte, eft de figure Exagone comme il fe peut voir par la conftruction & du centre dudict Exagone foit tiré des lignes à chacun angle, alors le trapere A. B. C. D. fera le plan d'vn des coftez du cube d'ont l'angle B. fera l'angle de deffus, le trapere A. E. H. D. fera le plan du fecond cofté d'ont le poinct H. qui eft commun auec le poinct F. fera le poinct de l'angle de deffoubs. Le trapere H G C D fera le plan du troifiefme cofté, ainfi les autres traperes feront les plans des autres coftez, or pour faire l'Ortographie faut tirér des lignes pararelles à la ligne taillée de tous les angles de l'Ignographie fur la ligne de terre de l'Ortographie, & fur lefdicts poincts faut efleuer chacun angle perpendiculaire fur ladicte ligne, comme il fe peult comprendre en eftudiant fur la figure & le tranfport ou racourçiffement fe fera comme les precedentes.

POVR

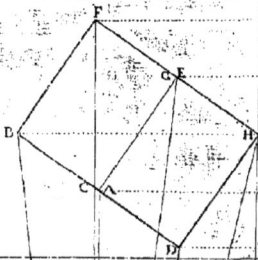

Ortografie

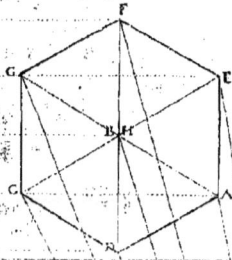

Ichnografie

point d'eslongement

point de distance

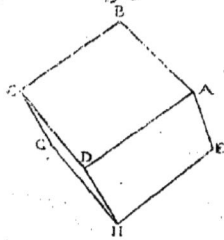

Scenografie

POVR METTRE TROIS CVBES EN RACOVR-
CISSEMENT LESQVELS SONT POSEE OBLI-
QVEMENT SVR VN QVAREAV.

Chapitre douziefme.

S Oit fait les plans de chacun cube particulier d'efquels ti-
rerez les rays vifuels, & apres ferez le racourçiffement du
quarreau fur lequel les cubes font pofez , & ferez apres
chacun cube particuliere ce racourçiffement eft affez difficille s'il le falloit faire fuiuant les raifons ordinaires de
Serlio Iean coufin ou autres qui vfent de diuers poinéts ac-
cidentaux, mais en cefte prefente façon les chofes Inregu-
lieres fe feront comme les regulieres.

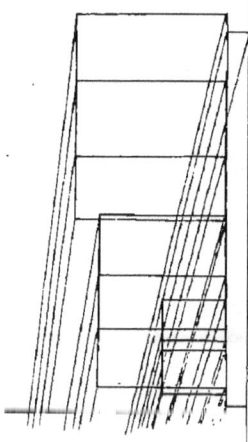

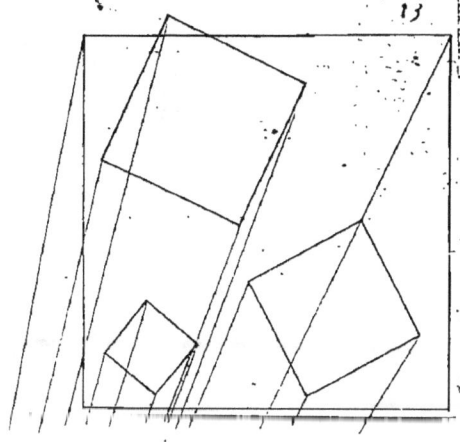

13

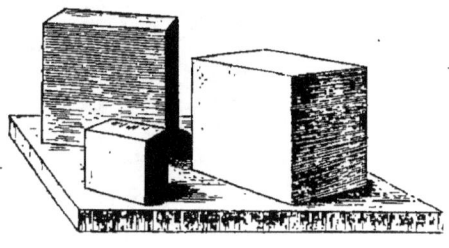

Chapitre treziesme.

Oit le pied deſtal marqué A. B. C. D. & ſoit faiƈt tous les degrez tant de l'Ignographie que de l'Ortographie apres ſoyẽt tirez les rayz viſuels deſdiƈts plans & ſoit faiƈt le racourçiſſement en ceſte façon premierement faut mettre le pied deſtal A B C D en racourçiſſement en la façon comme à eſté enſeigné au cube, apres prenez la largeur du ray viſuel L au poinƈt O c'eſt à dire la largeur R O. & auec vn autre compas prenes la hauteur dudiƈt ray viſuel par le bas c'eſt R S. & la poſer au racourçiſſement au poinƈt V. & apres faut prendre la largeur R P. & l'apoſer au poinƈt R X. apres faut prendre la hauteur R T. & l'apoſer au poinƈts L. I. perpendiculaires ſur X. V. puis tirez les lignes I L. XV. XI. VL. c'eſt la hauteur du premier degré apres faut prendre de la meſme façon, tous les autres degréz comme le figure le monſtre ſur laquelle faut eſtudier car il eſt plus aiſé prendre ſur la figure que par diſcours d'autant qu'il eſt impoſſible de coucher le tout par eſcrit ſans embrouller le Leƈteur.

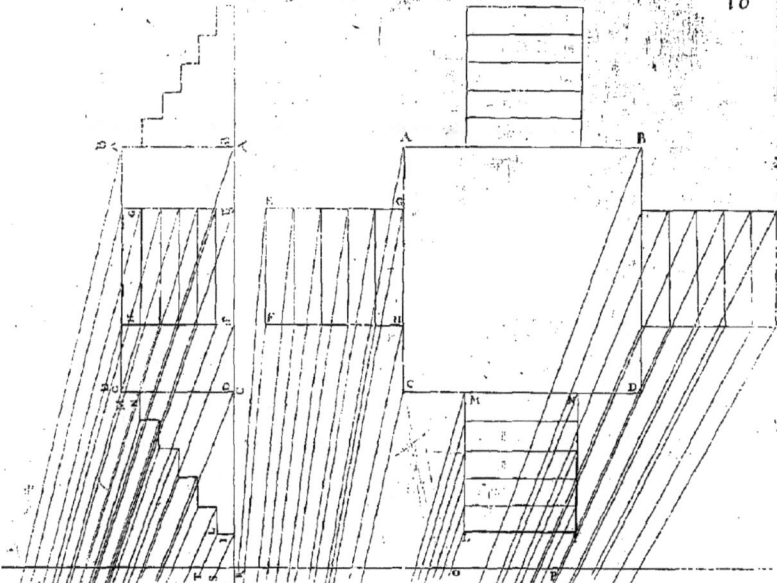

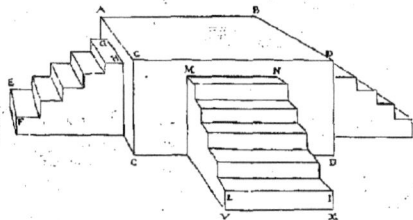

POVR METTRE DEVX ARCADES VEVES

PAR LE COSTE EN RACOVRCISSEMENT.

Chapitre quatorziefme.

Oit premierement faict l'Ortographie, & faut que l'arc foit gradué en diuerfes parties comme à efté demonftrée aux cercles, apres faut faire l'Ignographie defdicts arcs efgaux & graduez fur iceux les poincts des angles de l'Ortographie ainfi foit prins la diftance de la ligne taillée au poinct *n. o.* laquelle fera raportée en la largeur de l'Ignographie aux poincts *n. o.* apres foit prins la diftance *d. e.* laquelle fera auffi rapportée en la largeur *d. e.* & foit faict ladicte ligne *d. e.* vn peu plus menue que *n. o.* pour la recognoiftre quand on prendra les rayz pour faire le racourciffement, d'autant que *n. o.* eft de l'arc d'enhaut , & *d. e.* de l'arc d'enbas, & faut faire ainfi de tous les autres angles felon comme les voyez marquez, puis tirez les rayz vifuels & faictes le racourciffement premierement des quatres pilaftres des arcs , apres faictes les angles *n. o. e.* & tirez les lignes incontinent que vous aurez faict deux poincts ou angles, apres prendrez *b. i. a.* & tirez auffi les lignes & faictes ainfi de tout le refte.

POVR

17

Chapitre quinziefme.

 Oyent faiêtes les hauteurs en l'Ortographie des pilaftres iufques à l'arc, apres faut tirer vn quart de cercle *s. d. o. f. g.* qui eft la demie circonference de l'arc par dehors: lequel quart de cercle faut graduer en plufieurs parties efgualles, puis prendre la diftance de la premiere diftance au poinct *d.* de la ligne de terre & pofer la mefme diftance *a.* V Z X *a.* puis prendre la diftance *e.* de la ligne de terre, & l'apofer à la hauteur Q S R T. & faire ainfi des deux autres apres graduer l'arc de derriere en la mefme forme, puis faut faire l'Ignographie, premierement faut faire le plan des quatres pilaftres qui foubftiennent les arcs marquez A B C D. E F G H. puis tirer deux lignes pararelles d'vn pilaftre à l'autre, ce fera le plan de l'arc, & pour le graduer comme celuy de l'Ortographie faut faire le demy cercle A. *b. c. d. e. f. g. h.* F. & raporter tous lefdiêts poinêts fur le plan de l'arc, comme il's font marquez par les lettres, fçauoir, *z. a.* foubs le poinêt *h.*, & S. T. foubs le poinêt *g.*, ainfi des autres, l'autre demy cercle inferieur fe fera en la mefme façon : ie ne l'ay point marqué de lettres de peur de confufion apres que les plans feront faiêtes, le racourçiffement s'en fera fçauoir premierement les deux pilaftres de l'arc de deuant, puis efleuez deffus l'arc premierement les poinêts X A. puis les autres & à mefme temps que les poinêts des angles font marquez faut tirer les lignes droiêtes d'vn angle à l'autre, l'arc de derriere fe fera en la mefme maniere.

POVR

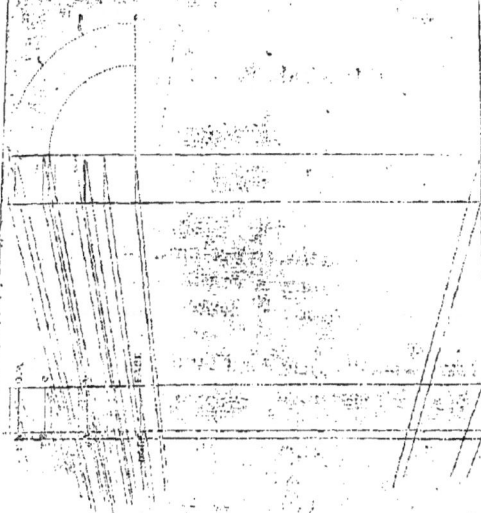

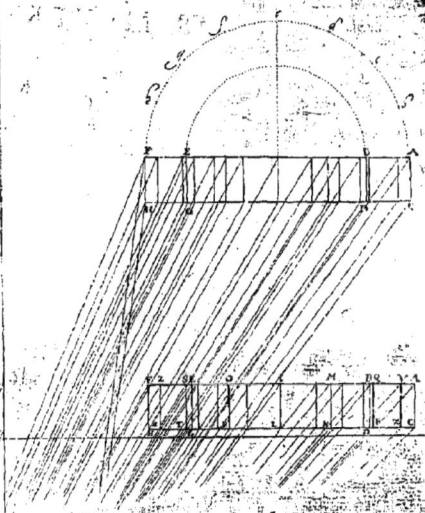

RACOVRCISSEMENT.

Chapitre seiziesme.

Vand il y à plusieurs arcades ou colomnes ou autre chose qui s'estend en grande longeur comme par exemple, s'il y auoit vn nombre d'arcades distantes l'vne de l'autre de douze pieds ou plus ou moins pour euiter la peine qu'il faudroit à faire les plans lesquels il faudroit faire fort loing pour les mettre tous en leur longeur, hauteur & largeur, & mesmement faudroit tirer vne grande quantité des rays visuels, or pour abreger cecy il faut premierement marquer les deux costez des pilastres A B & C D, puis tirer dessoubs la ligne de terre sur laquelle il faut tirer la ligne taillée perpendiculaire E. F. apres asçoir le poinct de longeur G. lequel sera esleué dessus la ligne de terre à l'esleuacion de l'œil, aussi marquerez le poinct declinant H. autrement poinct de veüe de pareille esleuacion, apres soyt tiré des poincts A B. C D. des rays occultes au poinct de longeur G. & au lieu ou lesdicts rays couperont la ligne taillée faut faire des poincts, puis tirer des premieres poincts A. B. C D. des rays visuels au poinct de veüe H. & à la hauteur que le ray occulte C. est marqué sur la ligne taillée, puis faut il tirer vne paralele I. L. & en faire autant de l'autre costé à M. N. & à la hauteur que le ray occulte B. coupe la ligne taillée, faut encores tirer les lignes O. P. Q .R., & à la hauteur que le ray oculte A. coupe ladicte ligne taillée, faut encores tirer les lignes S T V X. de ces quatres quarrez icy racourçis seront les plans des quatres premiers pilastres & pour en faire d'autres suyuans, faudra tirer vne ligne *a*. H. & faut que la distance *a*. D. soyt comme B. D., puis faut tirer vne ligne oculte de B. *a*. P. laquelle se tirera iusques à la ligne *a*. H. & ou elle coupe ladicte ligne au poinct *b*. se fera la hauteur que doibt estre, les troisiesmes arcades autrement soyt tiré du poinct *a*. au poinct P. vne ligne qui ira iusques à la ligne B. H. & à la section de ladicte ligne faut il tirer les lignes de la siette des troisiesmes arcades, & faire toutes les autres suyuant la mesme raison, apres en faudra faire l'esleuacion par la mesme raison encores & pourrez en faire l'etant quil vous plaira derriere l'vn l'autre.

POVR

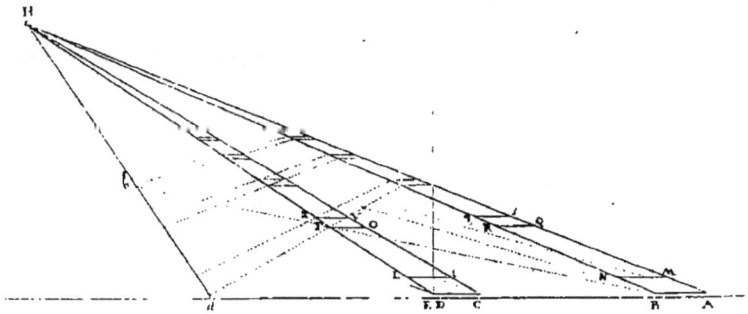

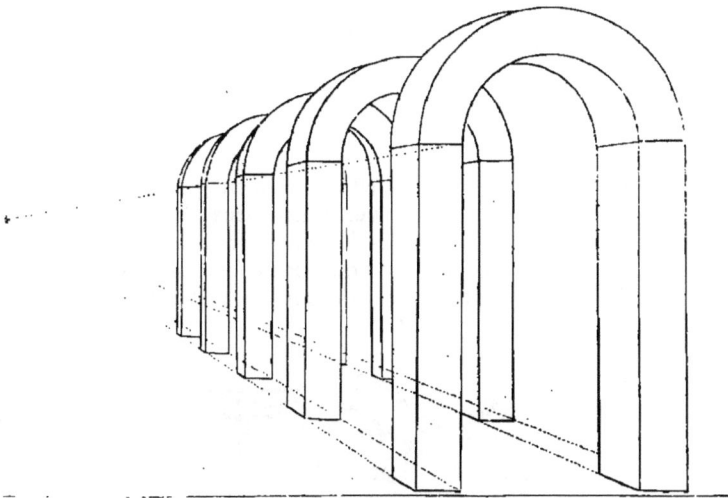

POVR METTRE EN RACOVRCISSEMENT

VNE FIGVRE CIRCVLAIRE APELLEE DES ITALIENS MAZOCCO.

Chapitre dixseptiesme.

Oyt faict premierement vn cercle M N O L. & vn autre plus petit P Q R S diftant du plus grand de l'efpeffeur que defirez auoir la mazocco, apres foyent lefdicts cercles gra-uée en autant de parties que defirez auoir de particions en ladicte mazocco comme en celle cy il y en à feize , foyt apres tiré deux lignes paralelles pour faire l'Ortographie de la mefme diftance que la diftance des cercles vne feruira pour la ligne de terre , l'autre pour la hauteur de la mazocco, apres foyt faict vne figure Orthogone entre la diftance des deux lignes marquée B. D. F. H. I. G. E. C. d'ont A. fera le centre, & foyent tirée les deux autres cercles en-tre le grand & le petit comme eft la diftance des deux angles moyens entre ledict Orthogone felon comme il's font marquez des lettres de l'Alphabet apres faut grauer fur l'Ortographie particulierement tous les Orthogones de l'Ignographie, apres ferez le racourciffement.

'Eft autre icy eft doublement grauée & au racourciffement j'ay tiré vne piece vuide entre deux plaines pour monftrer comme fe font les angles de derriere, ces figures icy font plus difficilles pour la conftruccion qu'elles ne font vtiles ie les ay bien voullu mettre icy pour excercer d'auantage le ftudieux en c'eft art.

POVR

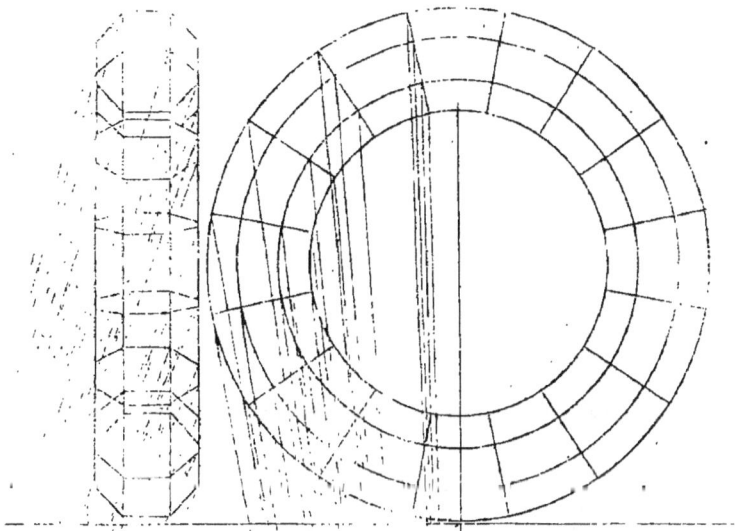

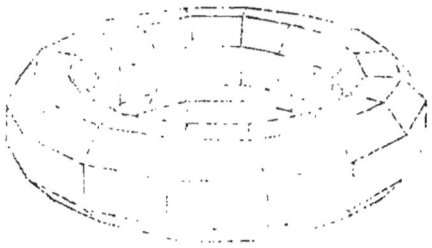

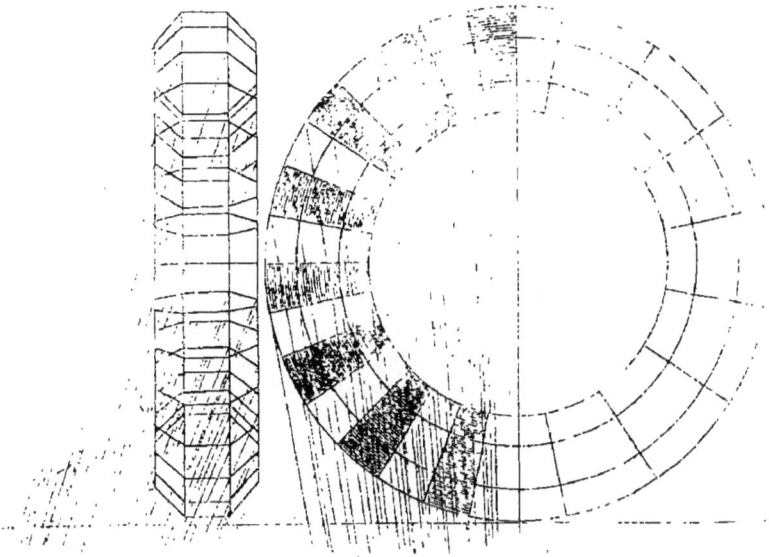

POVR METTRE VNE BOVLLE EN RACOVR-
CISSEMENT.

Chapitre dixhuictiefme.

'Ay dict par cy deuant qu'il eft befoing de former des angles aux corps qui font circulaires pour les mettre en racourçiffement, i'enfeignera encores à ce Chap. à mettre vne
boulle ronde en racourçiffement. Premierement, faut faire
vne cercle en l'Ortographie & marquer deux poinêts A. C.
lefquels feront les piuots de ladiête boulle, puis tirer vne
ligne droiête de l'vn à l'autre, apres faut diuifer ledict cercle en fix parties efquidiftantes l'vne de l'autre, puis tirer vn demy cercle
qui fera diuifée en fix parties, fçauoir : 1 2 3 4 5 6 7. & raporter chacune partie
en l'Ortographie & faire le femblable aux autres parties, puis, faire l'Ignographie en cefte façon: foyt tirée vne ligne I H au droiêts angles contre la
ligne taillée, foyt prins la diftance de ladiête ligne taillée en l'Ortographie
au poinêt A. laquelle diftance fera raportée fur la ligne I. H. au poinêt A,
puis foyt prins celle C. laquelle fera auffi raportée au poinêt C. ce font les
deux piuots de la boulle, apres foyt prins la diftance de ladiête ligne taillée
en l'Ortographie aux poinêts 1. 7. lefquels feront auffi raportée fur ladiête
ligne aux mefmes nombres, puis foyt prins la diftance 2 iufques à ladiête ligne taillée, & auffi la declinaifon dudiêt poinêt 2. à l'autre poinêt 2. du demy
cercle, laquelle diftance fera mife depuis la ligne I H. de l'Ignographie au
poinêt 2. & faire ainfi de tous les autres poinêts, puis en faire le rapport en
la perfpeêtiue fuyuant les reigles ja données·

Irigaty en fa Pratique de perfpeêtiue, enfeignant à faire vne femblable boulle, il faiêt les plans femblables aux fuyuants 1. 2. faifant le petit cercle 1 2 3 4 5 6 7. en l'Ignographie tout ronde ce qui
ne doibt eftre d'autant que ladiête boulle eftant pendante de cofté
il n'y peut auoir fi grande diftance de 1 à 7. que la grandeur du Diametre
dudiêt cercle eft grand, d'autant que l'on doibt prendre la diftance en l'Ortographie de la ligne taillée aux diêts poinêts pour les raporter en l'Ignographie, cefte faute ne paroift pas grande en ce prefent plan, mais fi la boulle eftoyt d'auantage pendante comme au Chap. fuyuant ou fera enfeignée
pour mettre vn globe en racourçiffement & que les plans fuffent faiêts cô-
me enfeigne lediêt Sirigaty l'erreur fe monftreroit fort grand en la conftruêtion.

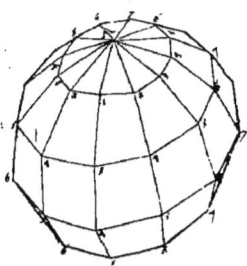

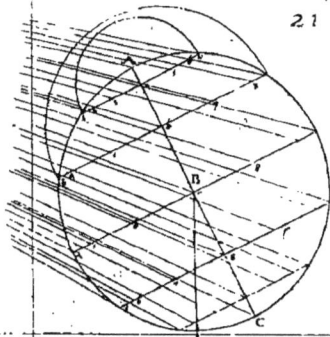

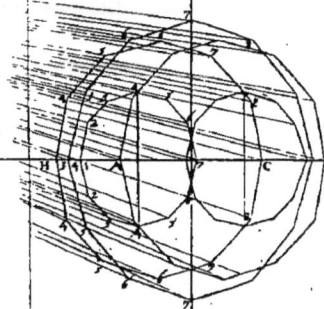

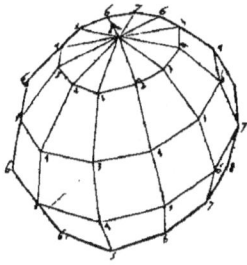

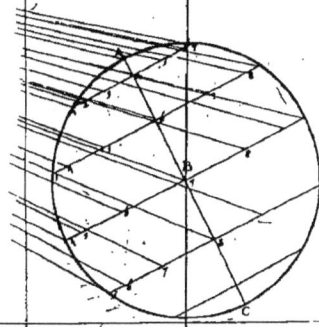

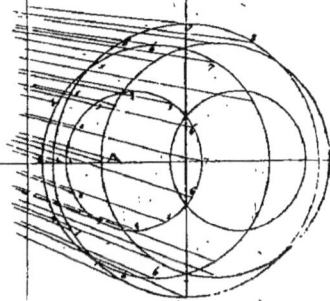

Chapitre dixnœufiesme.

E prefent Globe faut eftre faict premierement en l'Ortographie, & grauer tous les cercles comme au precedent apres
faut il faire l'Ignographie raportant tous lefdicts cercles fui-
uât leur declinaifon en ladicte Ignographie comme le cercle
A. B. faut prendre la diftance B. de la ligne taillée & audi la
diftance A de ladicte ligne taillée & pofer lefdictes diftances
C D. de l'Ignographie, faut tout de mefmes pofer tous les autres cercles qui enuironnent le globe felon come il's fon marquée auec leur gra-
duacions, & tirer par apres le rays vifuels & en faire le racourçiffement. Ie n'ay
pas voulu vfer icy de renfeignement de tous les angles par lettres ou ciffres, & ce
pour euiter confufion, feulement l'on pourra remarquer par ceux qui y font chacun cercle particulier l'intelligence de la figure paffée donnera intelligence à cefte cy.

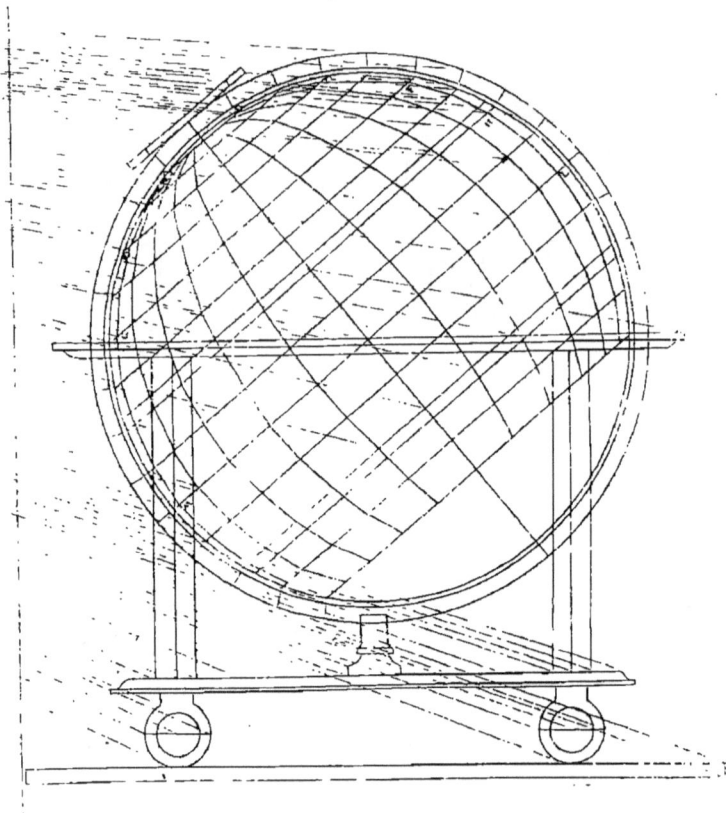

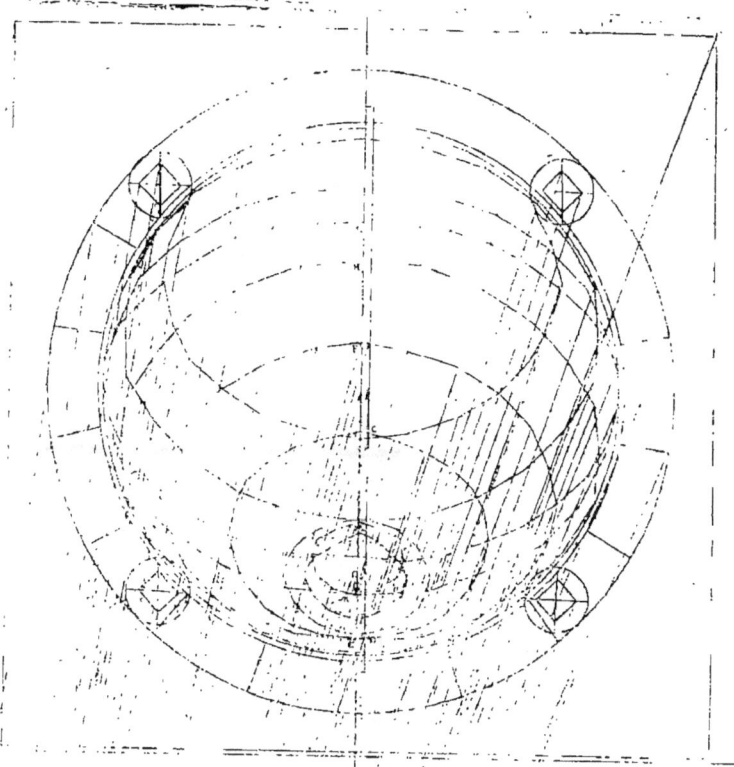

2.2

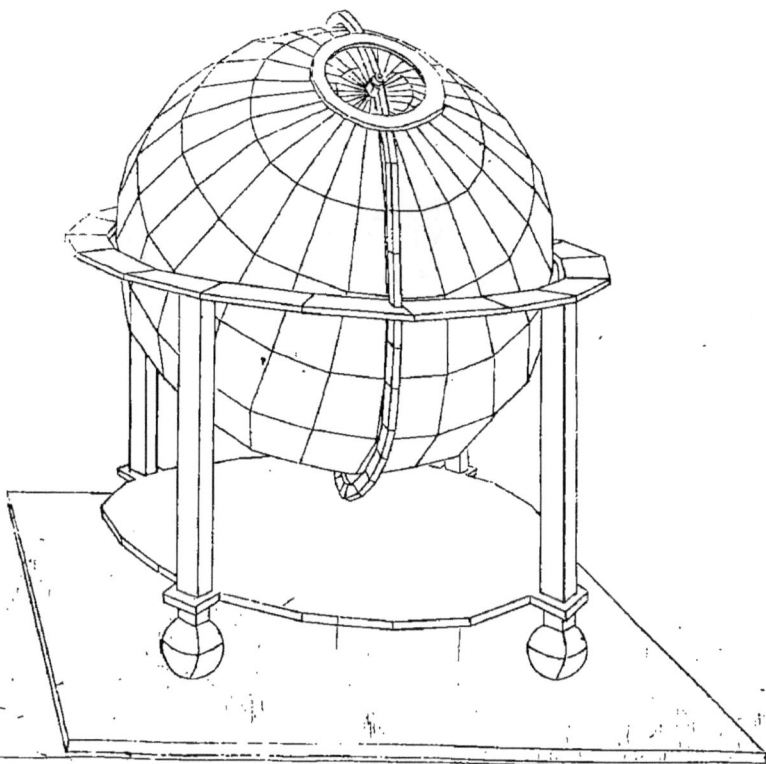

COVRCISSEMENT.

Chapitre veintiesme.

Oyent faicts les plans dudict pont & faut noter qu'en l'Ortographie la ligne A B. represente la superficie de la terre & la ligne C. D. represente la superficie de l'eau qui est dans le fossé, l'arcade qui est en la muraille doibt estre grauée en l'vn & à l'autre plan pour le reste l'imaginacion du studieux seruira plus que le discours que l'on en pourroit faire. & ayant desia aprins les figures passez sera facille entendre celle cy.

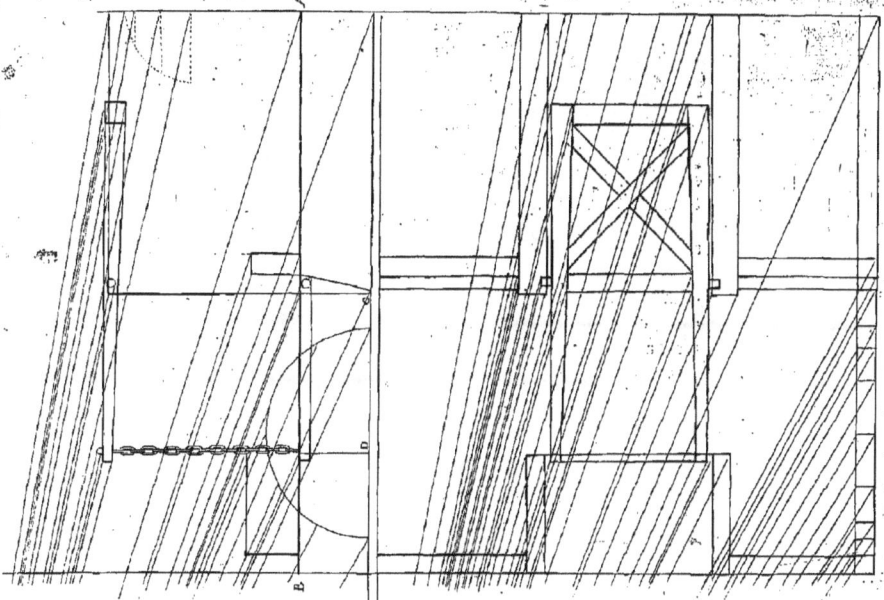

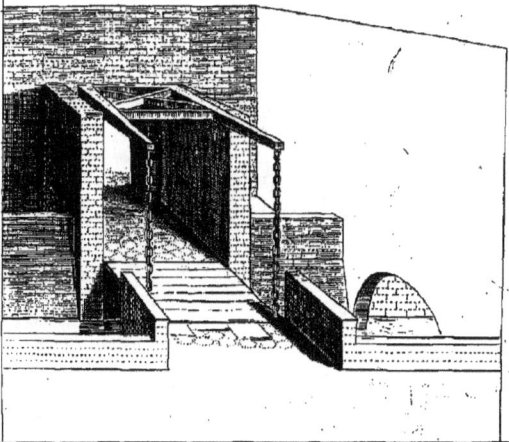

Chapitre veint vniesme.

Efte Forterefle en forme Pantagone fera faiâte en l'Ignographie
premierement & d'autant que ce n'eft mon bat d'enfeigner la con-
ftruâtion de faire forterefles ains de enfeignei à les mettre en racourçiffement fi cefte icy n'eft faiâte auec toutes les raifons requifes au moins le racourçiffement en eft comme il faut, tous les ba-
ftions & ce qui aura efte d'efleigné en l'Ignographie il le faudra
apres raporter le tout en l'Ortographie auec les hauteurs requifes
au rempart profondeur du fofle & generallement toutes les hau-
teurs, & faut noter que les angles A. B. C. D. E. eft la gettée de la muraillé qui eft
iufques en la fuperficie de l'eau, ceft à dire ce qu'elle eft plus large en bas qu'en haut
comme il fe peut voir en l'Ortographie aux mefmes letrres A B E C D, la ligne G H,
en l'Ortographie reprefentera la fuperficie de la terre qui eft au deffus de la ligne de
terre à caufe de la profondeur du fofle lequel eft graué fur la ligne de terre, les plans
de ce prefent racourçiffement eft plus difficille qu'il n'eft à le mettre en racourçiflemét.

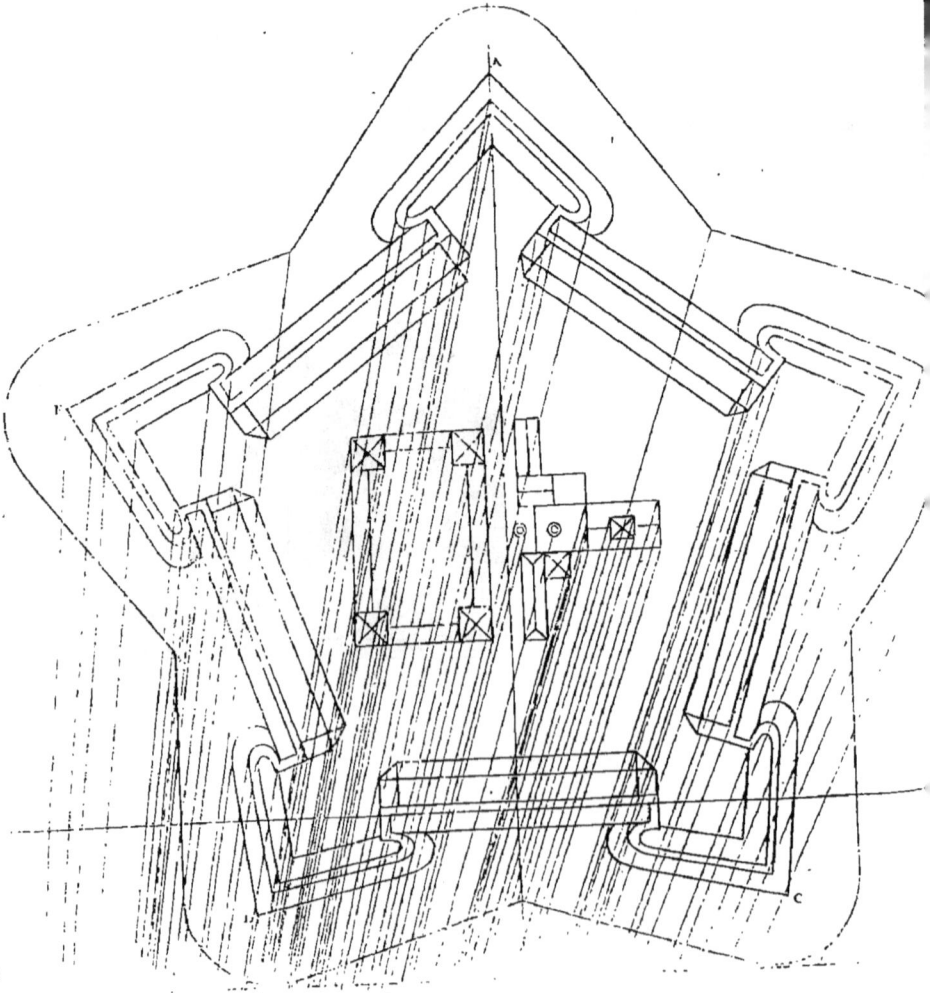

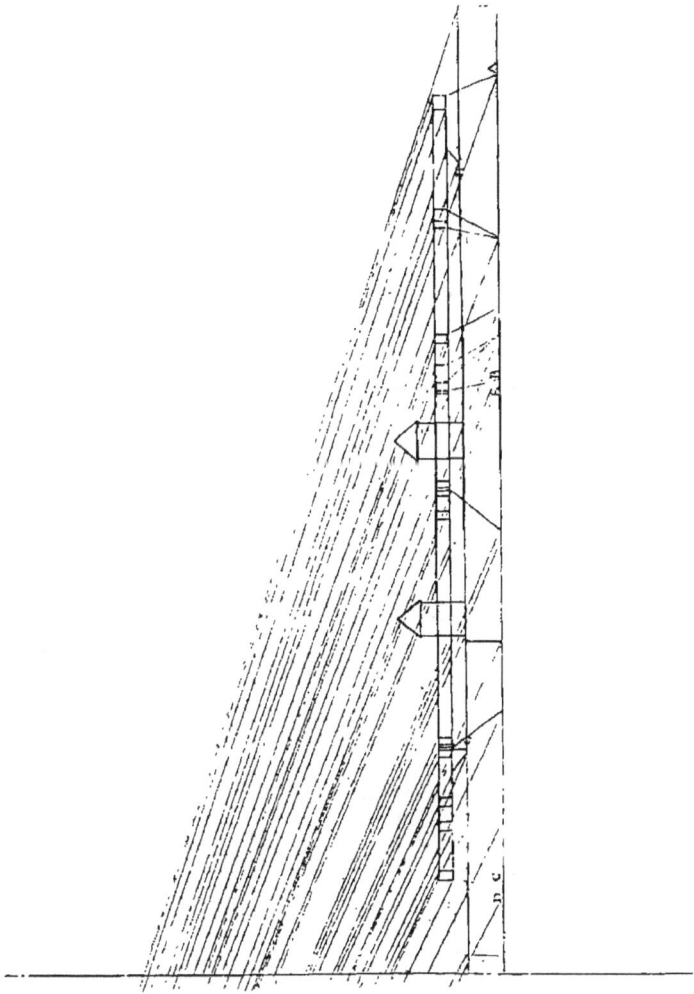

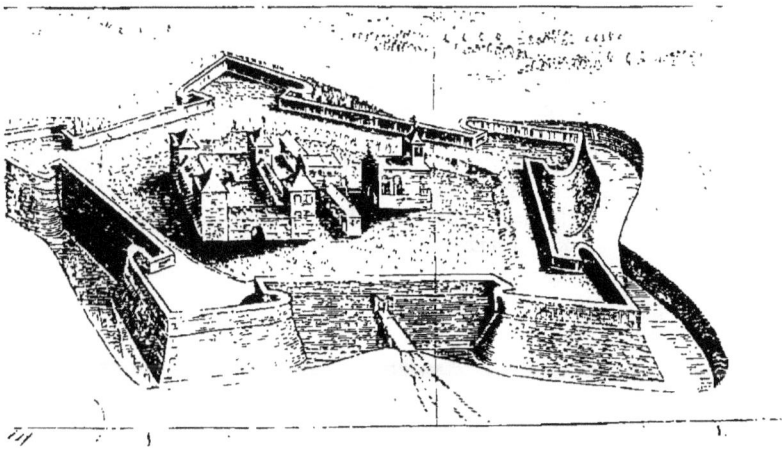

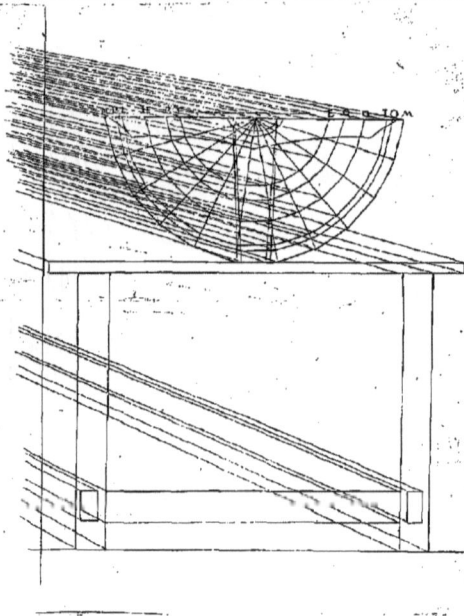

POVR METTRE VN LVT SVR VNE TABLE

EN RACOVRCISSEMENT.

Chapitre vingt deuxiefme.

Aut premierement faire les plans tant de l'Ignographie que Orthographie du lut & de la table & d'autant que ledict lut n'à poinct d'angle d'ou l'on puiffe tirer les rays vifuels faut tirer des lignes trauerfantes le corps dudict lut en l'Ignographie, fçauoir : EF. GH. IL. MN. OP. QR. puis faut prendre la largeur de la premiere ligne EF. & fur la fuperficie dudict lut en l'Ortographie, on marquera la aux poincts auffi E F. & pareillement les autres, puis faut tirer des demies cercles d'vn chacun defdicts poincts à l'autre, lefquels demies cercles couperont toutes les coftes dudict lut, & par confequent feront plufieurs angles defquels l'on tirera les rays vifuels tant de l'Ignographie que Ortographie puis s'en fera le racourçiffement en cefte façon, premierement fe fera la fuperficie de la table du lut auec le manche, puis faudra predre les angles qui trauerfent les coftées pour faire lefdictes coftées & les raporter les vn's auec les autres felon comme il's font marquez des lettres de l'Alphabet, & d'autant que les rays vifuels font icy fi proches les vn's des autres il n'eft pofible de les noter chacun particuliere, c'eft pourquoy qui faut auoir recours à l'eftude de la figure pour en auoir parfaicte intelligence.

POVR

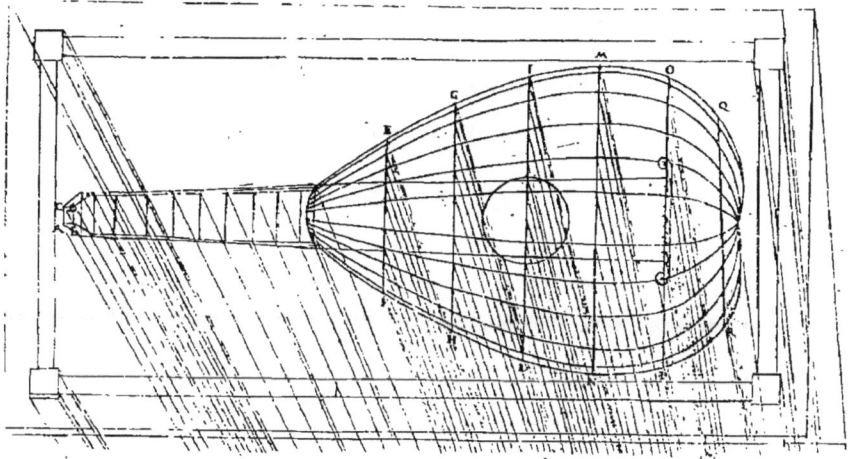

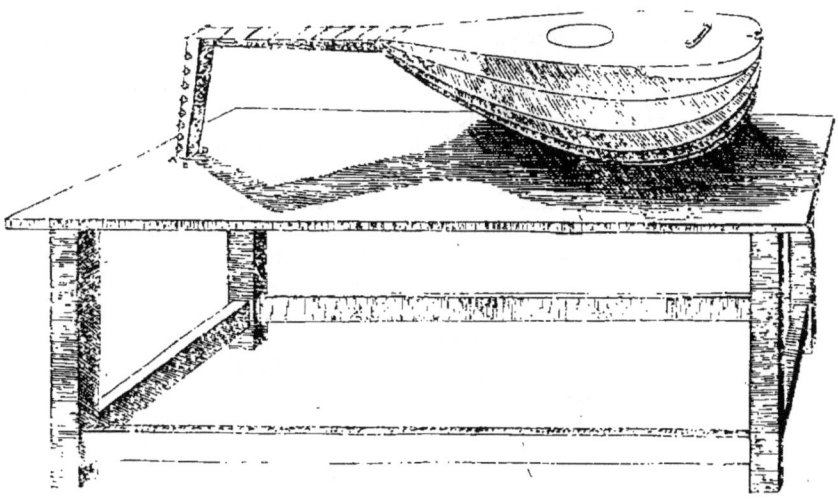

Chapitre vingt-troisiesme.

Oyt premierement faict le plan en l'Ortographie tant du Chapiteau que de l'Architraue, frise, & corniche, apres il faudra faire l'Ignographie. Premierement faut prendre la distance G F. de la Cime en l'Orthographie & raporter la mesme distance en l'Ignographie à droicts angles sur la ligne de terre, apres faut tirer du poinct G. au poinct H. vne ligne droicte qui sera le largeur de la porcion que pourrez veoir de ladicte corniche de front car si desirez en veoir d'auantage il faudroit tirer ladicte ligne plus loing, apres prenez la distance de la ligne taillée de l'Ortographie au poinct I. & poserez ladicte distance en l'Ignographie laquelle sera des deux costez aux lignes L M. & ainsi de poinct en poinct viendrez à poser toutes les distances sur l'Ignographie comme il s'font en l'Ortographie de tous les membres de la corniche de la frise & architraue apres viendrez à raporter le tronc d'enhaut de la colomne, laquelle diuiserez en huict parties esguales pour y construire les membres & fueillages du chapiteau, selon qu'il est requis & monstré par les ordres des colomnes, au quelles le Lecteur aura recours d'autant que cela despend de l'Architecture & non de la perspectiue, & apres que ledict plan du chapiteau sera faict, il faudra raporter la distance D. de la ligne taillée de l'Ignographie à l'Ortographie, d'autant que c'est la partie du chapiteau dicte Abeco, ou cimaise, qui va en ligne courbe comme aussi vont tous les fueillages desquels l'on tirera seulement vn ray visuel de chacun pour esuiter confusion, & apres que tous lesdicts rayes visuels seront tirées de tous les membres, le racourçissement se fera & faut noter que toutes les dentelles qui doibuent estre en l'Ortographie ne sont marquées d'autant que c'eust esté vne trop grande confusion de tirer les rayes visuels desdictes dentelles qui se pourront facilement poser en la perspectiue suyuant seulement les mesures de l'Ignographie ou lesdictes dentelles sont marquées, ie n'ay point voulu mettre les quatres autres ordres icy d'autant que c'estuy-cy est le plus difficille & celuy qui le sçaura faire fera bien les autres.

POVR METTRE VNE FONTEINE EN RA-

COVRCISSEMENT.

Chapitre vingtquatriesme.

Oyt le bafin de la fonteine en figure Ortogone de vingt & quatre pieds de diametre d'ont l'Ignographie fera marquée A B C D E F G H. dans lequel bafin fera vn arc quarré au deffus duquel fera vn petit rocher d'ou fortira l'eau par des petits tuaux qui font à fleur de l'eau, laquelle ea retombera dans le bafin au deffus du rocher & de la viendra à couller au long dudiét rocher par les quatre coftez fur vn bafin qui enuironnera le deffus de l'arc , de la viendra à defcendre par vn tuyau qui fera dans vn des pilliers de l'arc & reuiendra à ietter par vn autre petit rocher qui fera faiét au deffoubs de l'arc, tout l'ouurage eft enrichy de petites coquilles & rocher de mer, ayant faiét les deux plans le racourçiffement fera facile à faire , quand à la Corniche du bafin ie ne l'ay mife aux plans d'autant que ladiéte corinche fe peut facilement faire fur le racourciffement mefmes.

POVR

POVR PEINDRE CONTRE LA MVRAILLE

D'VN IARDIN VN SEMBLABLE IARDIN COMME CELVY
QVI Y EST OV VN AVTRE, EN SORTE QVE QVAND
LON SERA ESLOIGNE DE CENT PIEDS DE LADICTE
MVRAILLE EN VNE FENESTRE DE TRENTE CINC
PIEDS DE HAVT, IL SEMBLERA QVE LEDICT IARDIN
PEINT SOYT NATVREL ET CONTIGENT A CELVY
QVI EST NATVREL.

Chapitre vingt-cincquiefme.

Oyt vn Iardin de cent pieds en quarré d'ont l'Ignographie fera marquée A B C D. il faudra faire encores vn autre Iardin derriere marqué E F G H. le premier eft le Iardin naturel, le fecond eft celuy qui doibt eftre peint côtre la muraille du dict Iardin, auquel faut faire les parterres & les hayes, & mefmement les arbres, mais (de peur de confufion & mefmement que ce plan eft fort petit) ie n'ay marqué que les quatres parterres & vne fonteine au milieu, letout fera aufli marqué en l'Ortographie, & tirez les rays vifuels d'vn poinct qui fera à l'entrée du premier Iardin fçauoir 100. pieds de loing & trente cinc pieds de haut, apres le racourçiffement en fera faict fuyuant les raifons demonftrées par·cy deuant, or cecy feruira de demonftracion comme il faut peindre des paffages ou Iardins contre des murailles de Iardins, lefquels pour fe bien voir, faut qui foyent veües d'vne feneftre haute, à celle fin que les parterres & ce qui fera veu foyt vn peu plus haute forme pour y pouuoir remarquer les chemins & parterres mieux former comme ceftuy·cy duquel j'ay voulu en donner la demonftracion en cefte forte: Soyt leué ledict Iardin perfpectiue fur le papier, à droicts angles, & foyt aufli efleué le baftiment de la maifon fur la ligne C. D. à droicts angles aufli, alors ledict Iardin en perfpectiue fera veu en fon naturel & contigent à l'autre naturel du poinct ou feneftre A. de forte que quand il fera befoing de faire quelque peinture de Iardin baftiment ou quelque chofe que ce foyt contre vne muraille: Il eft neceffaire d'obferuer toutes ces reigles icy & afeoir le poinct de veüe à la feneftre ou place qui regarde la muraille le mieux à propos, & quand la peinture fera faicte fuyuant fes raifons elle fera imitée & femblable à la vraye nature, & ne reftera que les couleurs qui eft vne pratique en laquelle il ny à poinct de demonftracion.

POVR

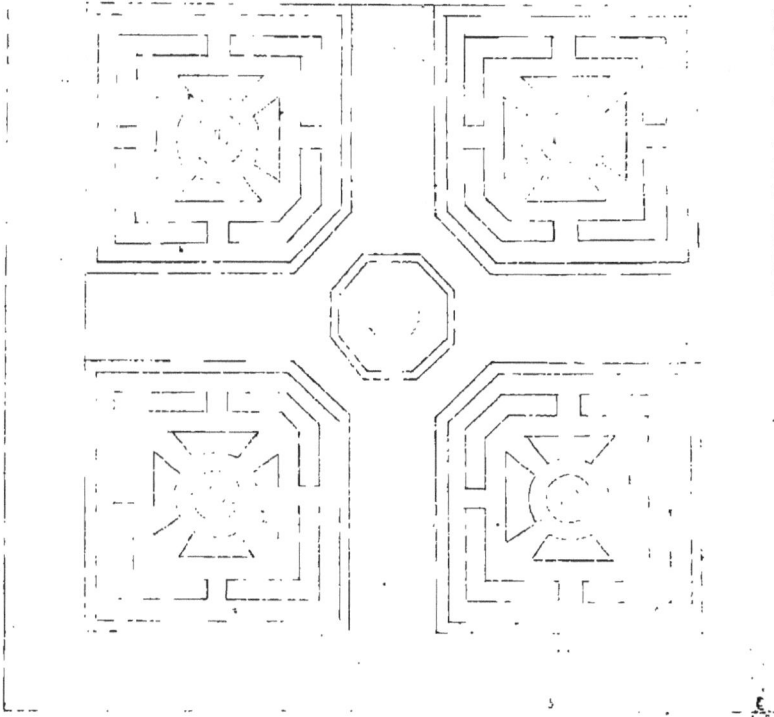

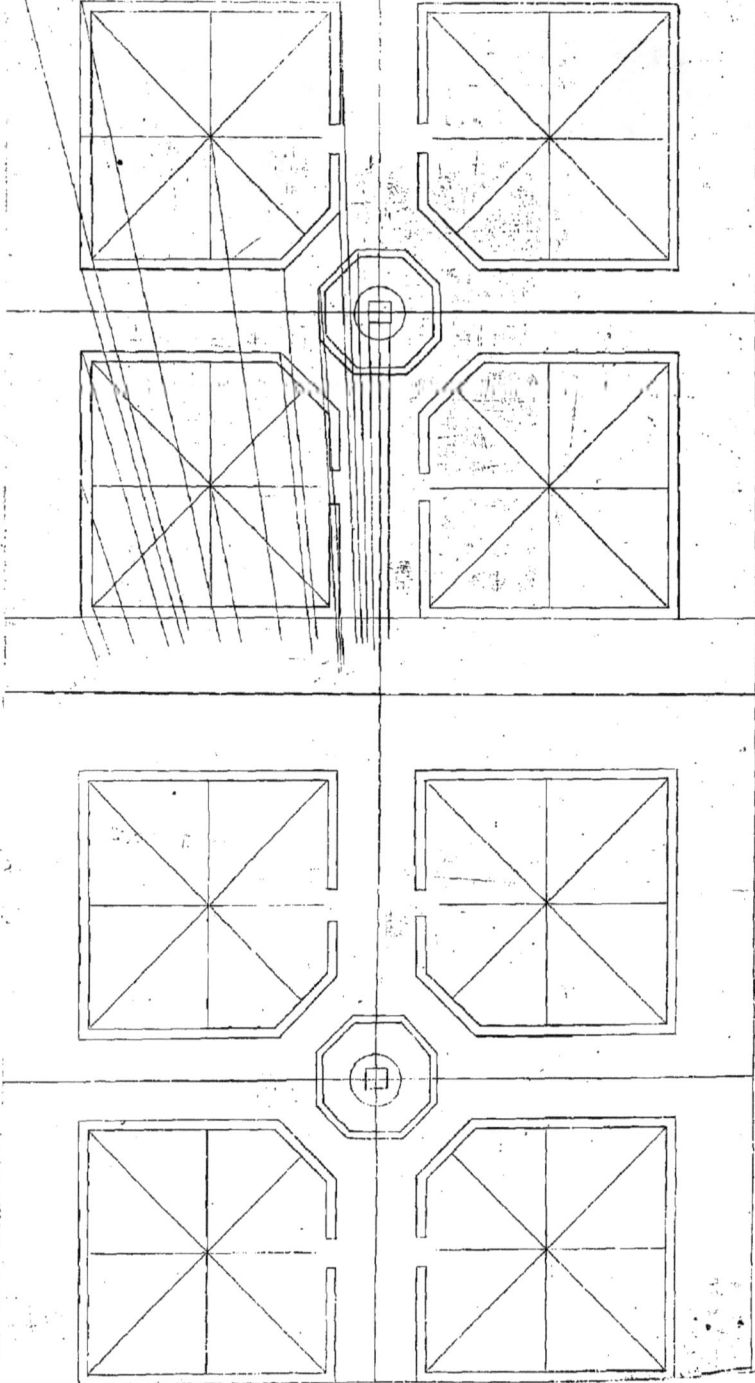

POVR METTRE VNE SVPERFICIE PLANE

QVARRE EN RACOVRCISSEMENT D'VNE

FACON EXTRAORDINAIRE.

Chapitre vingt-sixiesme.

I L y à vne autre façon de mettre en racourçissement de
forte que ledict racourçissement semblera estre hors de sa
nature & extrauagant & neanmoins estant veu de son
poinct de veüe il representera la chose racourcie en son naturel, or de ces racourçissements ainsi extrauagans, on en
peut peindre contre vne muraille d'vne galerie ou chambre, en sorte que quand la peinture ou racourçissement
sera veüe de front, l'on ne cognoistra rien que des couleurs, sans pouuoir
discerner ce que ce peut estre, mais estant veu de son poinct de veüe alors
l'on cognoistera ce que c'est, i'en donneray quelques exemples & commen-
ceray par vne superficie plane quarrée laquelle est marquée A. B. C. D. en
l'Ignographie, & le poinct d'eslognement E auquel sont tirée les quatres
rays visuels 1. 2. 3. 4. apres se fera l'Ortographie & le poinct de hauteur F.
de pareille eslognement de la ligne taillée que E, auquel l'on tirera aussi
les deux rays visuels 1. 2. & 3. 4. apres l'on en fera le raport au racourçissement marquée 1. 2. 3. 4. lequel racourçissement estant veüe de front semble qui soyt beaucoup longe, mais estant veüe de son poinct de veüe, il representera son quarré parfaict, ledict poinct de veüe sera vn petit pertuis au
carton marqué E. lequel il faut tenir à droicts angles sur le papier, & voir
le racourçissement à trauers le petit pertuis du carton mettant vn œil tout
pres dudict pertuis & serrant l'autre, & encores que ce racourçissement semble estrange si est ce qui se faict & se demonstre par les raisons ordinaires,
comme il's font demonstrées au commencement de ce Liure, & n'y à autre difference sinon que la situacion des poinets de veüe & d'eslognement
lesquels sont aux ordinaires eslogne de la figure le plus loing que l'on peut
pour à celle fin d'auoir la figure d'vne belle forme au racourçissement, mais à
c'estuy-cy lesdicts poinets sont au contraire fort pres, & aussi pour augmenter la diformité le poinct d'hauteur est fort haut qui est cause d'vne grande
distance entre les deux rays visuels 1. 2. & 3. 4.

A V·

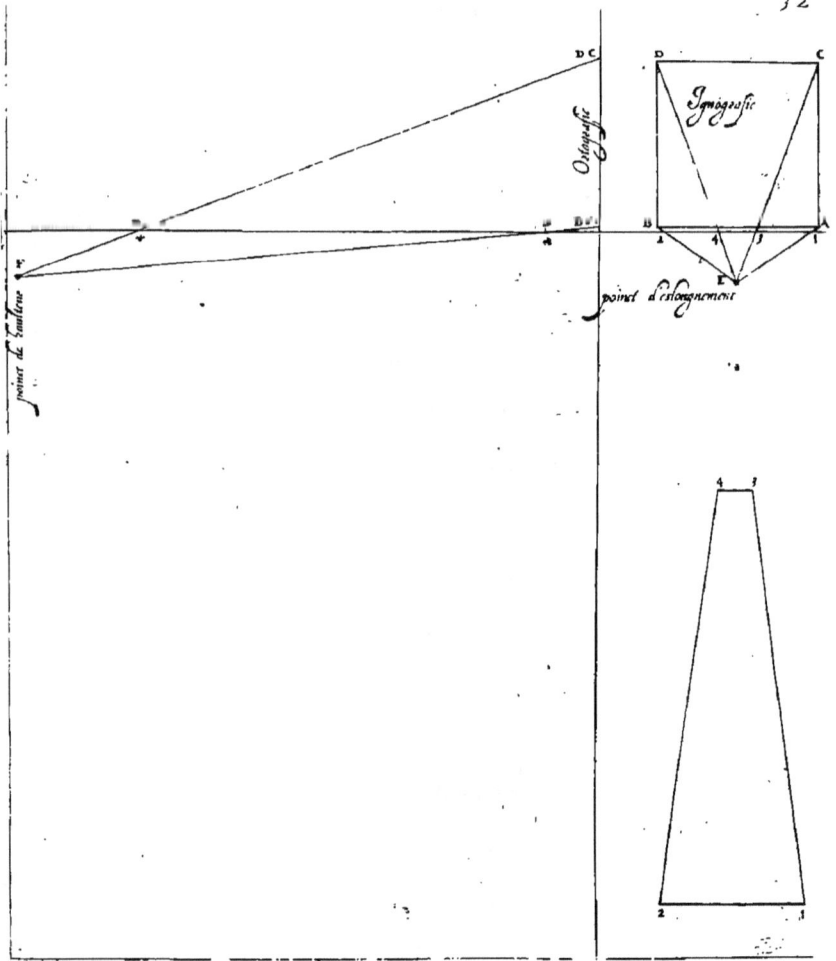

Orthographie

Ignographie

point d'esloignement

point de l'auditeur

AVTRE FAÇON DE METTRE VNE SVPER-
FICIE QVARRE EN RACOVRCISSEMENT.

Chapitre vingt septiesme.

L y à encores vne autre façon pour representer la chose
visible hors de sa nature veüe de front de laquelle ie don-
neray le present exemple soyt vn quarré duquel l'Ortographie soyt marqué A. B. C. D. & l'Ortographie A. C. le
poinct desloignement E , & le poinct d'hauteur F. soyt tiré
les rays visuels de chacun des poincts aux plans, & apres
soyt faict le racourçissement 1. 2. 3. 4. & pour sçauoir le
poinct de veüe d'ou il faut voir le racourçissement , l'on dressera vne ligne
perpendiculaire sur le poinct 3. & prendrés la distance en l'Ignographie de
ladicte ligne au poinct d'esloignement E. prendrez aussi la hauteur en l'Ortographie de la ligne de terre au poinct de hauteur F pour dresser ladicte
hauteur sur la ligne de terre du racourçissement G. au poinct H. à la distance 3. H., & sur ledict poinct H. il y à vn petit carton auec vn pertuis
L. qui est le pertuis d'ou il faut voir ledict quarré racourçi en son naturel,
la distance L H. est prinse de esloignement du poinct E. ou F. à la ligne
taillée & n'y à autre difference de ce racourçissement à lautre, sinon que la
deformité de celuy-cy est causée par l'aprochement du poinct d'esloignement
à la ligne taillée & esloignement dudict poinct à l'Ignographie , ou l'autre
precedent est cause dudict aprochement du poinct d'esloignement & hauteur
du poinct de hauteur, tellement que celuy-cy est long & l'autre est haut.

POVR

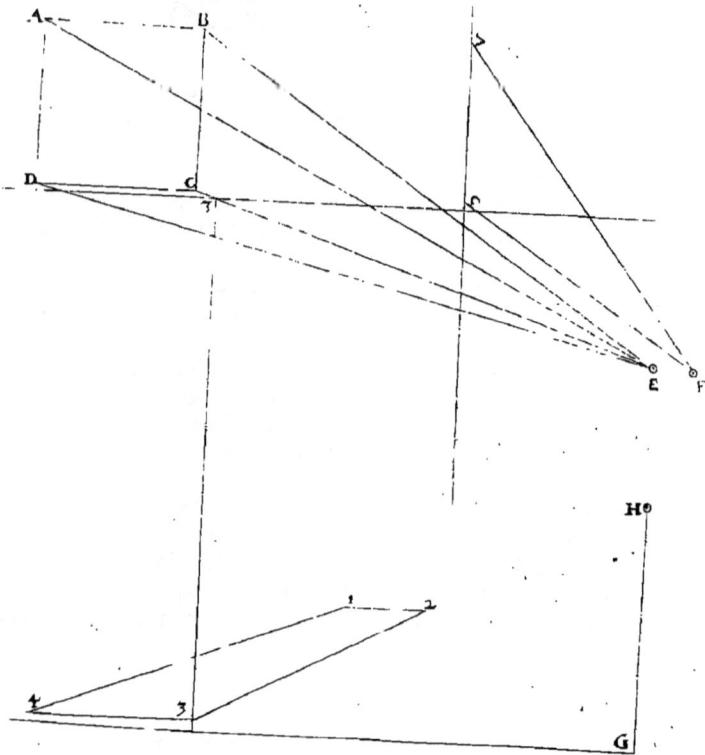

Chapitre vingt-huictiesme.

Oyt faict premierement vn quarré A. B. C. D. lequel sera mis en racourçissement suyuant celuy 25me. Chapitre, apres faut pourtraire vne teste ou ce que l'on voudra audict quarré, & le grauer en plusieurs petits quarrez esgaux tant en l'Ignographie qu'Ortographie, il y en à cy seize, lesquels il faudra faire aussi au racourçissement en ceste maniere tirer deux lignes diagonales d'vn angle à l'autre du quarré racourçi, & ou il's se croyseront, sera le milieu dudict quarré racourçi, apres en faire encores autant de chacune de ses moyties, & l'on aura le racourçissement party en seize parties, apres il faudra vser de pratique pour raporter tous les lineaments de ladicte teste sur lesdicts quarrez racourçis comme il's sont sur l'Ignographie, si l'on y vouloit aporter plus de certitude aux lineamens il faudroit faire encores vne-fois autant de quarréz ce que ie n'ay voulu faire craignant d'embrouiller la figure, quand au poinct de veüe d'ou ledict racourçissement se doibt voir il sera pertuis du carton F, auquel il faut aposer vn œil, & serrer l'autre, il se pourroit aussi faire des visages apres le naturel & touttes sortes d'histoires suyuant la mesmepratique.

POVR

POVR METTRE VNE FIGVRE EN RACOVR-

CISSEMENT EN LAQ VELLE ESTANT VEV HORS

DE SON POINT L'ON NE LE POVRRA COG-

NOISTRE.

Chapitre vingt neufuiefme.

Este presente figure se fera suyuant les mesmes raisons de la precedente, laquelle est en fort petite forme pour se bien representer, car en ces façons de racourçissements, les plus grandes formes se monstrent tousiours les plus parfaictes, mais le papier ne m'à permis icy de la faire plus grande, il faut aussi noter que la muraille (ou chose que ce soyt, ou ces racourçissements doibuent estre faicts) doibt estre fort droicte, à cause que regardant la chose du poinct de veüe l'on y pourroyt remarquer des grandes fautes s'il y auoyt des bofes ou profonditez en ladicte muraille. Quand à ceste façon de racourçir elle est fort plaisante, & on le pourroit vser en plusieurs chofes, comme en galeries, ou murailles des salles ou chambres, qui feroit vne belle chose à voir pour la rarité & dificulté d'imiter, l'on en pourroit contrefaire aussi des pourtraicts apres le naturel, & ne sera mal quand l'on viendra à raporter les lineaments du plan sur le racourçissement de regarder souuent par le pertuis ou poinct de veüe pour voir si la chose que l'on faict se raporte à celle du plan.

POVR

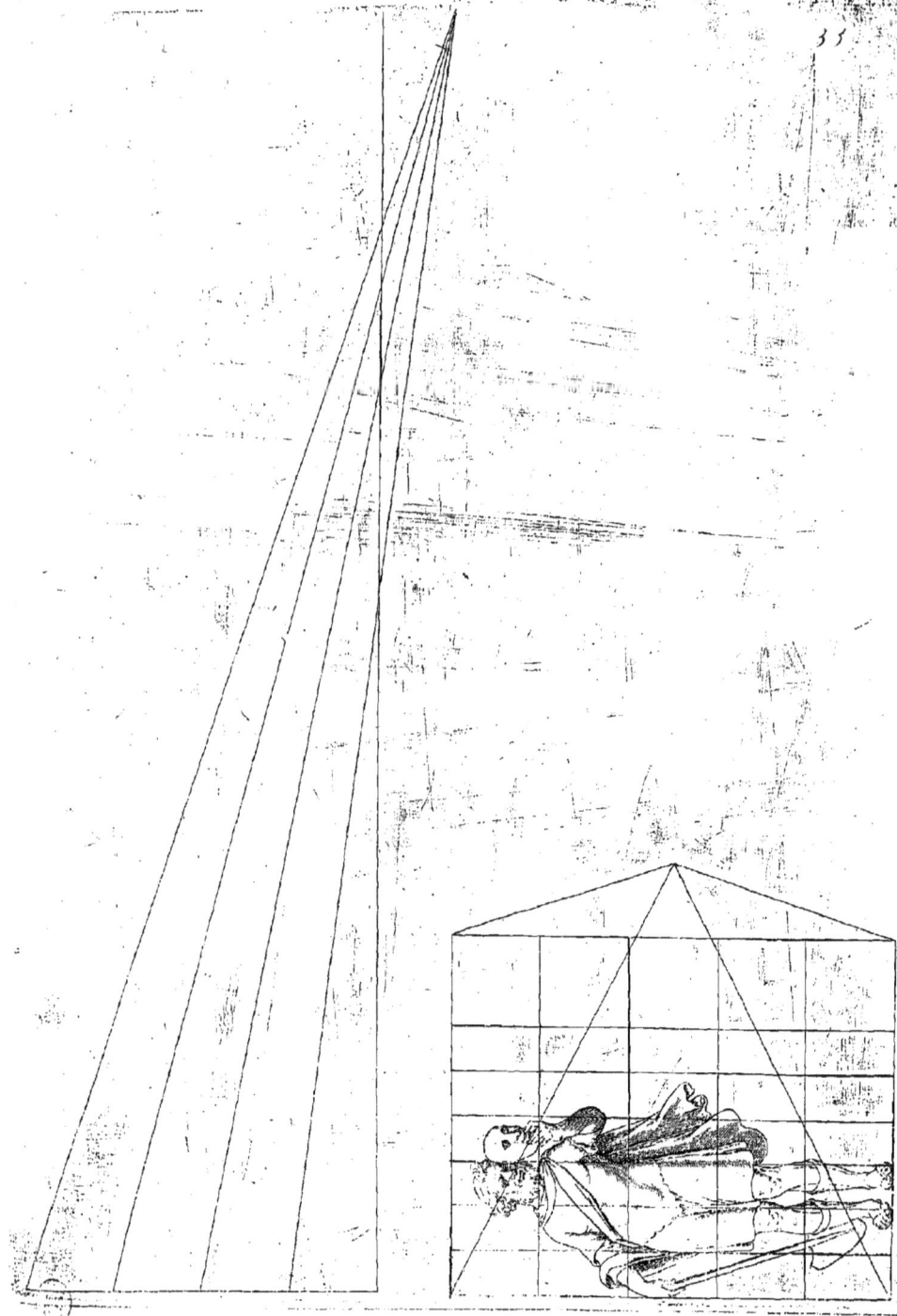

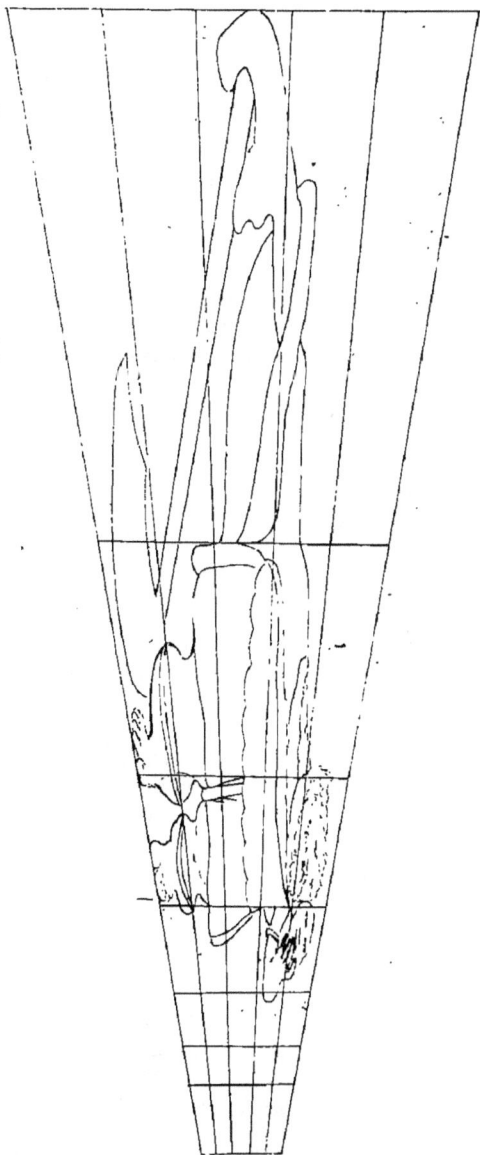

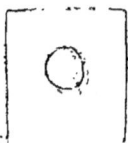

POVR FAIRE VNE ESCRITVRE CONTRE

VNE MVRAILLE HAVTE DONT LES LETTRES

PAROISTRONT DE PAREILLE GRANDEVR

LES HAVTES COMME LES BAS.

Chapitre trentiesme.

 Oyt vne muraille droiéte marquée B C D E. contre la-
quelle il faut faire plusieurs escritures en haut comme en
bas. Faut premierement escrire quelque chose (à la hauteur de l'œil) contre ladiéte muraille , puis se reculer en
sorte que l'on puisse voir & lire ladiéte escriture aisement,
comme si ladiéte muraille est de cinquante pieds de haut
l'eslognement de l'œil sera pour le moins de vingt & cinc
pieds & au plus de cinquante, apres faut il faire vn demy cercle F G. & tirer des rays visuels sur les poinéts *a. b.* qui est la largeur de la ligne escrite
la plus prochaine de l'œil , apres faut prendre la largeur *c. d.* sur le demy
cercle & faire toutes les largeurs sur lediét demy cercle semblables, lesquel-
les s'yront s'eslargissant contre la muraille, téllement que toutes les largeurs
des lignes seront veües auec angles esguaux & par consequent l'escriture pa-
roistra esgualle l'vne à l'autre, Albert Durer à faiét ceste demonstracion en
son liure de Geometrie laquelle i'ay bien voullu mettre icy pour ne rien
obmettre de ce qui d'espend de la veüe.

POVR

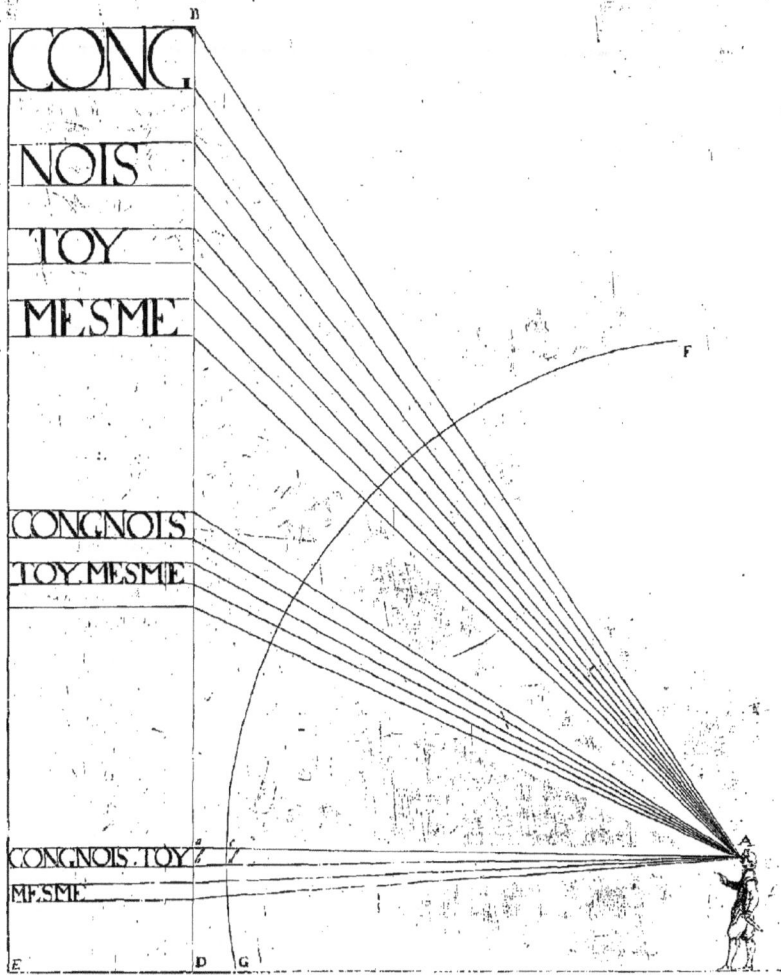

37

Chapitre treint-vniesme.

Ais si la muraille estoyt fort loing & que les precedentes lettres fussent tout au loing, il faudroit faire à chacune ligne le racourçissement, sçauoir rendre ce qui est essoigné en longeur soubs pareil angle, comme le plus proche, & pour ce faire ie donneray c'est exemple, soyt la longeur de la muraille en l'Ignographie D. E. soyt le poinct d'esso-gnement B. faut tirer vne ligne à droicts angles au poinct C. & faire le demy cercle L. M. lequel faut qu'il atouche la muraille au poinct C. puis tirer deux rays visuels B. D. & B E. apres faut faire l'Orto-graphie, premierement, faire la hauteur de la muraille N. O. puis faire le poinct d'hauteur A. de pareil essoignement comme C B. faut apres prendre la distance P. D. & la mettre derriere la muraille en l'Ortographie R. Q. tellement que la ligne R Q . sera aussi essoignée du poinct d'hauteur A. com-me D. est essoigné de B, apres soyt tiré du poinct d'hauteur vne ligne ori-zontalle iusques à I. & soyt faict la largeur des lignes entre lesquelles l'on desir d'escrire au poincts F G. & soyt tiré vn ray visuel du poinct d'hauteur à F. iusques au poinct H. tellement que la largeur H. I. se monstrera essualle à F G d'autant que lesdictes deux largeurs sont soubs mesme angle & par le sisiesme theoresme il est monstré que les choses qui se voyent soubs pa-reil angle se monstrent entre elles essualles, ainsi de ces deux largeurs l'on en fera le raport aux deux lignes H F H. I G I. & ce qui sera escrit entre deux paroistra esgual estant veu de la distance B C. & la hauteur A. S.

DES

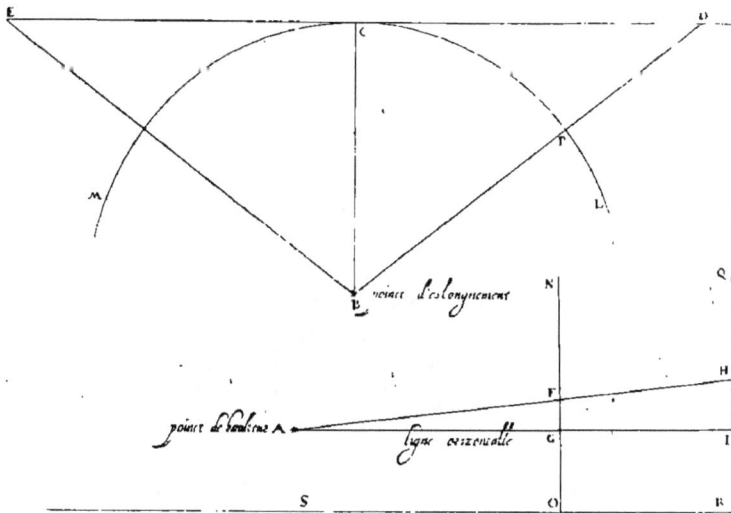

E   C   D

M   T   L

B   poinct d'eslongnement

K   Q

F   H

poinct de hauteur A   ligne orizontalle   G   I

S   O   R

SONGE. AVANT. QVE. DE. PARLER

H   H

I   I

F

G

DES OMBRES,

LIVRE DEVXIESME.

Pres auoir traicté fufiffament & demonftré la maniere de mettre toutes fortes de figures en plan & en faire le racourciffement, a prefent ie monftreray la façon de mettre & pofer l'ombre a la figure racourcie, & deuant que de faire aucune demonftracion, ie donneray aucuns enfeignemens a ceux qui voudront auoir la cognoiffance de cefte fcience, c'eft premierement, qu'il faut confiderer que la lumiere qui donne fur tout ce qui eft veu, eft efciairée par la lumiere du Soleil, ou d'vne chandelle ou autre feu quel qui foyt. Or eft il que aucune-fois & le plus fouuent que le Soleil eft couuert de nuées, tellement qu'il ne peut ietter fes rayons fur la terre qui eft caufe que tout ce qui eft veu du firmament ne reçoyt aucune ombre, mais le Soleil venant a ietter fes rayons, il eft certain, que cela rendra ombre ou fes rays ne pourront arriuer, & encores que le Soleil foyt d'vne grandeur extreme, & (felon le dire d'aucuns) cent foifante & fix fois plus grande que le globe de la terre, fi eft ce que cefte grandeur n'eft qu'vn poinct au regard de fes rayons qui iette en infinité, non feulement fur la terre, mais tout a l'entour de luy, car il eft certain que les eftoilles mefmes qui font au deffus du Soleil, font illuminées par fes rayons. Or ces raifons me donneront licence de dire, que le Soleil eft le poinct de lumiere, & que tout ce qu'il regarde, reçoyt lumiere, & au contraire ce qui ne peut voir, reçoyt ombre, or, cefte lumiere procedante du Soleil, eft la premiere & principalle lumiere de toutes laquelle eft naturelle toufiours luifant efgalement, car le Soleil ne reçoit aucune alteracion, & y a aucuns qui ofent dire & efcrire que le Soleil perd fa lumiere quand il eft Eclipfe folaire, il eft bien certain que cela nous empefche de le voir a caufe du corps de la Lune qui eft entre deux, comme par comparaifon, fi la main eftoit entre l'œil & vne chandelle, la chandelle ne feroit efteinte pourtant, mais nous ne la pourrions voir, tellement que c'eft erreur de penfer que le Soleil reçoyt aucun changement en fon Eclipfe comme faict la Lune, laquelle eft efteincte ou obfcurcie a caufe de la terre, qui eft entre deux, i'ay mis icy ce qu'en dict le Docte Bartas fur ce fubiect.

Nou

Non que tousiours Phœbus de ses rays n'illumine
La moitié pour le moins de ta face diuine,
Mais, il semble autrement a l'œil qui ne void pas
Que de ton globe rond l'Emisphere d'embas
Bien que croissant vers nous, vers le ciel tu decroisses,
Que vers nous decroissant deuers le ciel tu croisses:
Toutesfois il aduient, lors mesmes que ton front
En son plus haut chemin nous aparoist tout rond,
Et que le voille espais d'vn bigarre nuage,
Ne nous peut desrober les rays de ton visage,
Que ton argent s'efface, & que ton teint souille
Se couure de l'acier d'vn rondache rouille,
Car ton front se trouuant durant son cours oblique
Vis a vis du Soleil en la ligne Eclipsique,
Et la terre entre deux, tu perds ce lustre beau
Que tu tiens a profit du fraternel flambeau.

    Mais, pour te reuancher de la terre qui garde
Que pour lors front a front Phœbus ne te regarde:
Ton espaisse rondeur se loge quelque-fois
Entre Phœbus & nous sur la fin de ton mois,
Et d'autant que les rays qui partent de sa face,
Ne trauersent les pais de ton obscure masse,
Phœbus comme subiect aux douleurs du trespas,
Semble estre sans clarté bien qui ne le soyt pas.

    Le Soleil doncques est la seule lumiere qui esclaire tout le monde, c'est à dire la terre & le ciel, car le monde comprend tout, tellement que voullant peindre vn passage ou histoire de figures qui n'ont autre couuerture que le ciel, il y faudra mettre vn poinct de lumiere, lequel, tout ce qui regarde, receura lumiere, & ce qui ne peut voir à cause de quelque obiect au deuant, sera ombragé, & quand aux corps ou figures qui seront dans vne chambre ou galerie encores qu'il y aye plusieurs fenestres, si est-ce qu'il en faudra choisir vne & à celle la aposer vn petit poinct d'ou toute la lumiere vienne, veritablement la curieuse recerche du peintre pourroit ombrer tout ce qui est dedans vne galerie mise en perspectiue, ou il y auroit plusieurs fenestres que chacune fenestre donneroit la lumiere d'vn poinct, & par consequent plusieurs poincts de lumiere, mais cela ne sauroit estre faict sans grande difficulté laquelle ie veux esuiter autant que faire se pourra.

DES

'Ay dict cy deuant que la chofe eft efclairée ou les rays procedants du poinéts de lumiere arriuent, or il y peut auoir deux chofes ou plufieurs de pareille couleur & de pareil efloignement dudiét poinét de lumiere, mais de diuers afpeét lefquelles chofes l'vne fera plus claire que l'autre, la raifon de cecy eft que tout ce qui eft efclairé du poinét de lumiere ou les rays vifuels arriuent les plus à droiéts angles la chofe fera plus claire comme par exemple: foyt les deux cubes marquez l'vn D. E. F. & l'autre B C A. foyt le poinét de lumiere d'eflognement G & celuy d'hauteur H apres foyt tiré les rays de lumiere du poinét d'eflognement G aux angles des cubes paffant outre à difcrecion, il fe peut voir que le cofté d'vn des cubes A eft plus opofé & à droiéts angles du poinét de lumiere que le cofté B. ceft à dire que la lumiere frape plus droiét contre le cofté A. qu'à celuy B. & à l'autre cube il fe peut encores voir que le poinét de lumiere G frape plus droiét contre le cofté F. qu'à celuy D. apres il faut tirer les rays de lumiere du poinét d'hauteur H fur la ligne de térre, lefquels rays donneront fur les deffus des cubes C. & E plus droiéts encores que aux autres tellement que le cofté C qui eft plus droiét & plus pres du poinét de lumiere fera le plus clair celuy E. & celuy A. fera de la premiere ombre celuy D de la feconde, & celuy B de la troifiefme, tellement que nous auons icy trois coftez ombres differemment, lefquels coftez reçoyuent tous lumiere, ainfi l'on pourra vfer en toutes chofes qui reçoyuent lumiere que ce qui eft plus pres & plus droiét contre ladiéte lumiere foyt le plus clair.

DES

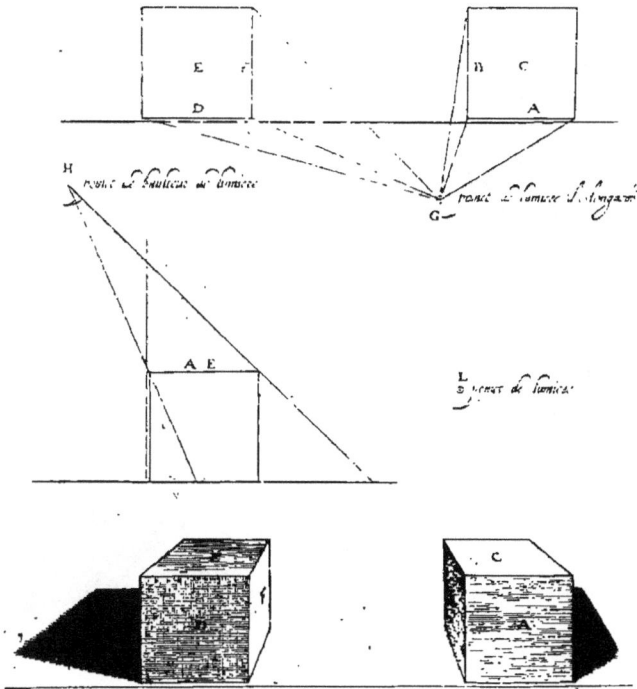

DES DIVERSES SORTES
D'OMBRES.

TOut ainfi comme il y à diuerfes fortes de clairtez, auffi y à il de diuerfes fortes d'ombres d'efquelles i'en donneray icy vne exemple: foyt le cube en l'Ignographie marqué A B C & en l'Ortographie c. foyt le poinct de lumiere d'eflognement D. & le poinct de lumiere de hauteur E desquels l'on tirera les rays de lumiere, il faudra apres faire le racourçiffement tant de cube comme de la fuperficie de l'ombre que ledict cube donne, çomme il fera enfeigné au chapitre fecond, il fe peut voir que le cofté B, eft beaucoup plus racourçy que A. qui eft veu de front, tellement que l'ombre en fera auffi beaucoup plus obfcure, quand à l'ombre que donne ledict cube fur la terre elle fera auffi plus forte pres dudict cube que fur les bords laquelle fe doibt aller en perdant tellement que de cefte diuerfité des ombres nous en noterons trois, fçauoir la premiere la plus claire, la deuxiefme plus obfcure, & la troifiefme la plus obfcure, l'on en pourroyt noter d'auantage, mais à mon aduis l'on peur rendre toute peinture excellente pratiquant cefte diuerfité de clairtez & d'ombres, ayant toufiours efguard en ce nombre de trois, il eft bien vray qu'il y à plufieurs (& la plus part) des peintres qui ne prennent garde à cefte diuerfité, faifant quelque-fois paroiftre vne clarté ou l'ombrage deb.uroir eftre, & les peintures ne laiffent pourtant à fe bien monftrer veritablement elles fe monftreroyent encores mieux fi elles eftoyent faictes auec la raifon laquelle la nature ne nous cache point, car il eft certain que la peinture la mieux faicte eft celle qui aproche le plus du naturel, or la nature eftant la raifon mefme la peinture d'ont doibt eftre raifonnable, c'eft à dire qu'elle foys faicte auec la raifon, laquel raifon defpend de la perfpectiue & des ombres, car la fcience de pofer les couleurs eft facille au refpect des lineaments & ombres.

POVR

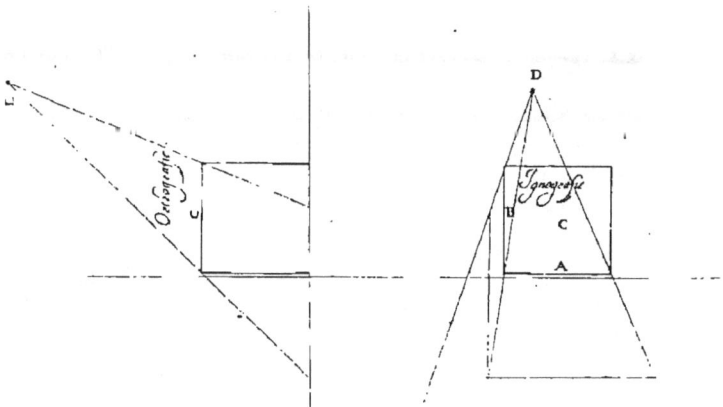

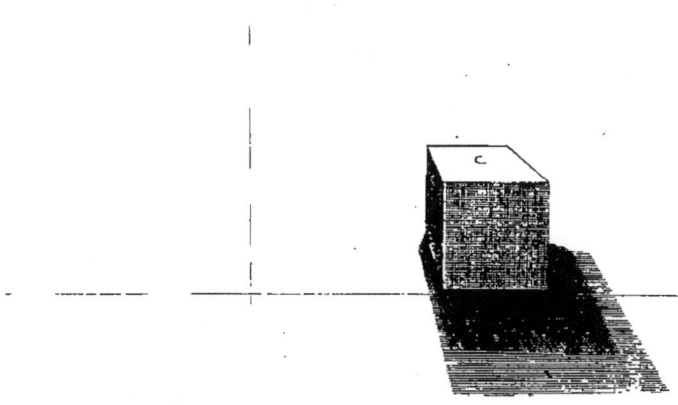

POVR METTRE VNE VERGETTE EN RA-

COVRCISSEMENT AVEC SON

OMBRE.

Chapitre premiere.

Oyt la vergette marquée A B. en l'Ortographie, & d'autant qu'elle eſt droicte perpendiculaire ſur la terre l'Ignographie ne ſera qu'vn petit cercle C. ſoyt le poinct d'eſloignement E & le poinct de hauteur D. ſoyt tirées les rays viſuels & ſoyt ladicte vergette miſe en racourçiſſement en la figure F G. & pour y aporter l'ombre faut premierement faire deux poincts de lumiere l'vn haut eſleue qui ſera en l'Ortographie, l'autre contre le plan de la terre ou eſt poſée la vergette en l'Ignographie, ſoyt apres tiré vn ray de lumiere du poinct de l'Ortographie à la poincte de la vergette allant iuſques ſur la ligne de terre, apres ſoyt tiré vn autre ray de l'autre poinct de l'Ignographie à ladicte vergette, lequel faut aprocher auſſi pres de la ligne taillée comme la diſtance H ou le ray de lumiere donne contre terre, puis deſdicts poincts I. & H. faut tirer les rays viſuels & les raporter au poinct L. du racourçiſſement, ledict poinct L. ſera l'ombre de la poincte de la vergette, faut apres tirer l'ombre dudict poinct au pied de la vergette, ainſi aurez l'ombre de ladicte vergette, & ſi deſirez raporter le poinct de lumiere au racourçiſſement faudra auſſi tirer les rayz viſuels d'iceluy au poinct de hauteur & tirer auſſi vn autre ray viſuel du poinct M. qui eſt laſſiette du poinct de hauteur, & apres tirer le ray du poinct O. & raporter leſdicts rays au racourçiſſement & l'on aura le poinct de lumiere tant de hauteur que de profondeur.

POVR

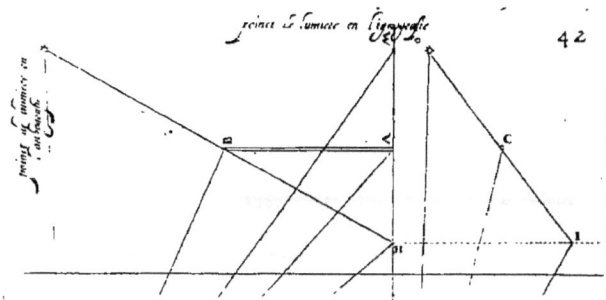

poinct de lumiere en l'igneographie

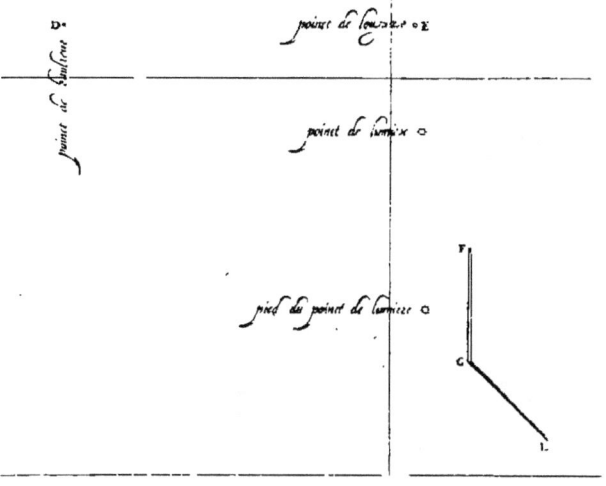

point de lumiere en l'orthographie

poinct de l'oustare

point de lumiex

pied du poinct de lumiere

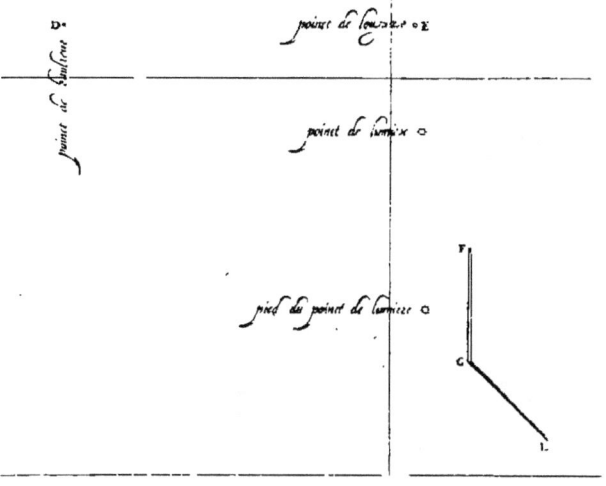

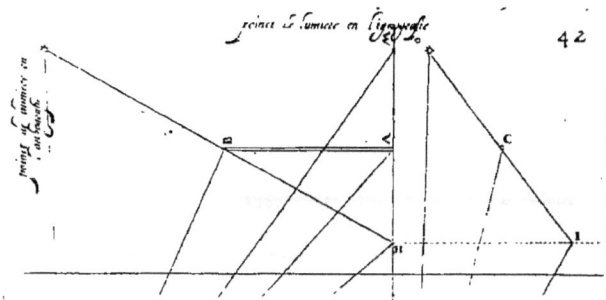

42

POVR METTRE VN CVBE EN RACOVR-

CISSEMENT AVEC SON OMBRE.

Chapitre deuxiefme.

Oyt l'Ignographie du cube marqué A B C D. & l'Orto-graphie A C E F. le poinct d'eflognement I & le poinct de hauteur L , foyent tirées les rays vifuels de l'vn & l'autre poinct & mis en racourçiffement felon les raifons cy de-uant monftrées , apres foyt pofé les poincts de lumiere fçauoir celuy de l'Ignographie M & de l'Ortographie N. & foyt tiré dudict poinct N les rays de lumiere des poincts E. & F. iufques à la ligne de terre, apres foyt tiré de l'autre poinct de lu-miere M. les rays de lumiere des angles du cube A. B. D. & foyt prins la diftance de la ligne taillée au poinct O. laquelle fera raportée fur ladicte ligne taillée de l'Ignographie iufques à l'atouchement des deux rays de lu-miere au poincts Q R puis faut en faire autant de la diftance P. de la ligne taillée laquelle fera raportée fur le ray de lumiere au poinct S. puis faut ti-rer les lignes ocultes S.R.Q. tellement que la fuperficie A Q R B. fera l'ombre du cofté de derriere du cube & B R S D. fera l'ombre du cofté. F E C D. apres faut mettre ladicte ombre en racourçiffement comme vne fuper-ficie plane & en faire le raport auec le cube.

I L y à vne autre façon de mettre les ombres en racourçiffement, laquelle enfeigne Albert Durer en fon liure de Geometrie qui eft apres que l'on aura affis les poincts de lumiere tant d'hauteur que de lo ngeur tirer les rays vifuels aux dicts poincts iufques à la ligne taillée puis raporter la hau-teur de T V qui eft la hauteur de celuy de l'Ortographie en la largeur X de la ligne taillée de l'Ignographie, puis du poinct N tirer des rays de lumiere outre les angles H E F iufques à ce qui touchent les autres rays qui feront tirées du poinct d'enbas M aux angles du cube C D B & à l'atouchement qui fe feront l'vn auec l'autre fe feront les mefmes poincts Q . R. S. faicts au precedent tellement que l'vne maniere fe raporte à l'autre, mais quand il y à plufieurs corps diuers irregulierement pofées la premiere maniere eft la plus facile comme fera monftré par cy apres auffi elle eft vn peu plus longe.

POVR

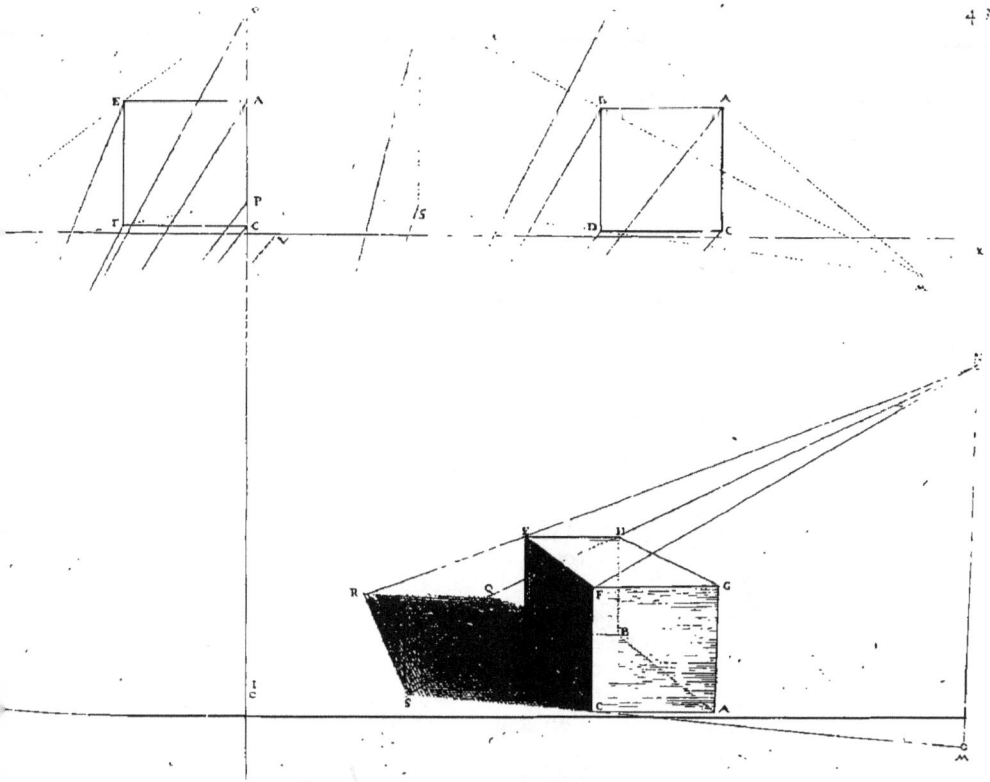

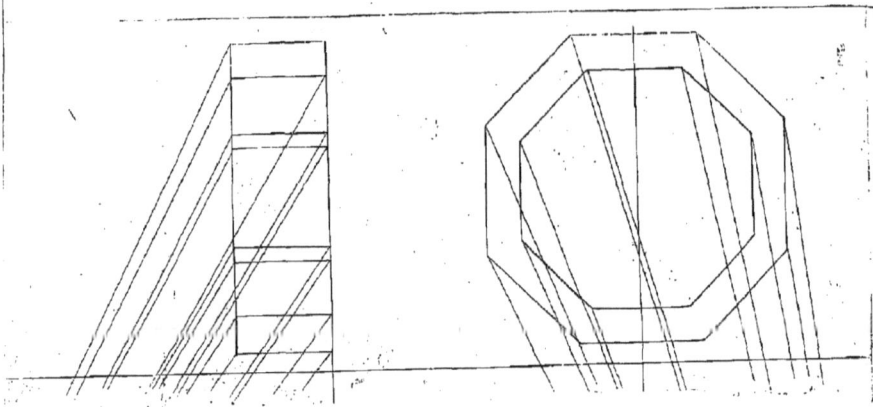

POVR METTRE VN CORPS ORTOGONE
EN RACOVRCISSEMENT AVEC SON OMBRE.

Chapitre troisiesme.

Remierement soyent faicts les plans & tirez les rays visuels comme il's sont cy dessus, apres. faictes le racourçissement, apres faudra faire d'autres semblables plans pour
faire l'ombre ou seront les deux poincts de lumiere A & B
& d'iceux faut tirer les rays de lumiere de chacun angle du
corps de l'Ortographie iusques à la ligne de terre, puis faut
mesurer la distance de D en la ligne taillée, & tirer les rays
de lumiere en l'Ignographie des angles C de pareil esloignement de la ligne
taillée & faudra faire le semblable de tous les autres angles, & aussi tirer les
rays de lumiere qui donnent dans le corps dudict Ortogone & en faire le
mesme raport les vn's auec les autres selon comme les lettres sont marquées,
& comme l'ombre du costé de deuant marque C. C. vient au deça de la
ligne taillée aussi il faut tirer le ray de lumiere de D à la ligne taillée & en faire le raport au dessoubs de ladicte ligne comme il se peut voir en la figure à laquelle il faut auoir recours pour estudier dessus, car l'escriture n'est assez ca-
pable de donner l'intelligence de cecy & pour y aporter moins de confusion
j'ay faict les plans du racourçissement apart, à celle fin que les rays visuels
ne se mellent auec ceux de lumiere.

POVR

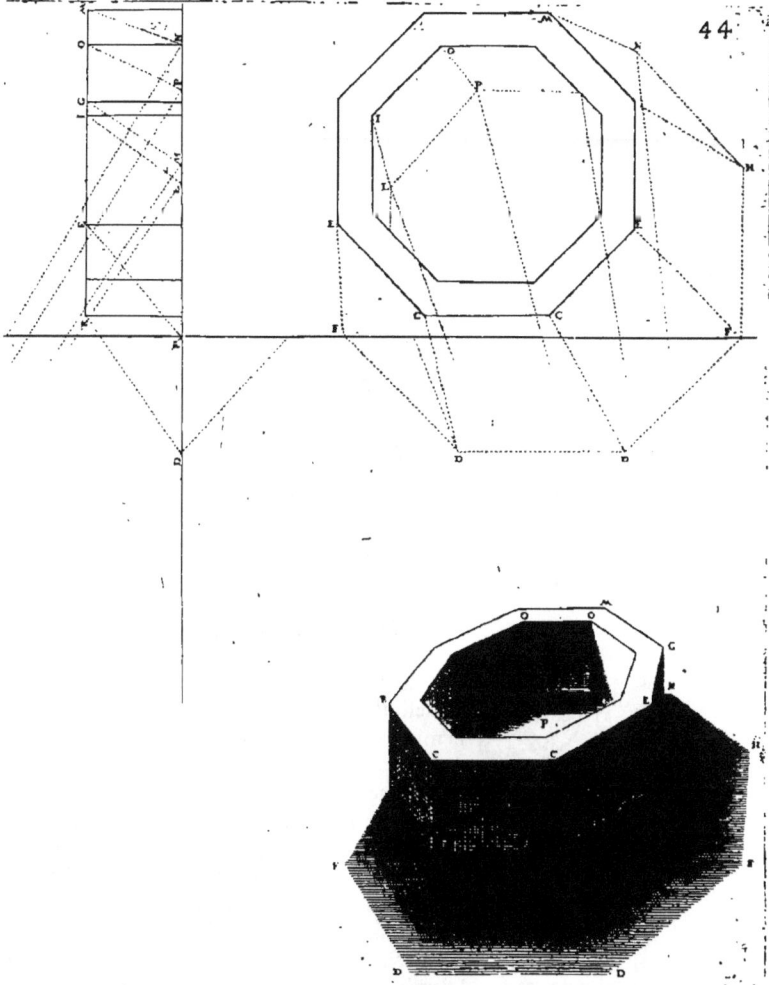

44

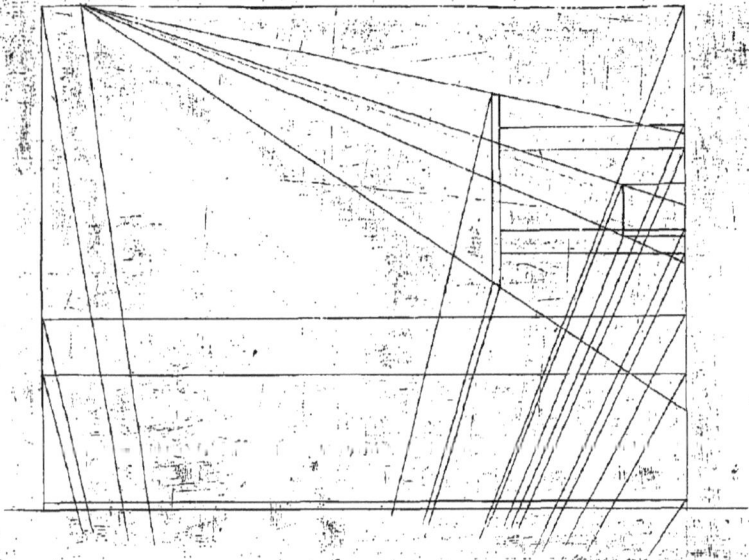

POVR POSER L'OMBRE A VN PILLIER

QVARRE LAQVELLE OMBRE DONNERA CON-
TRE VNE MVRAILLE DROICTE, ET PAREILLE-
MENT DE METTRE L'OMBRE A VNE TABLE
ET A VN CVBE.

Chapitre quatriefme.

Oyt faict l'Ignographie & Ortographie d'vne chambre dans laquelle il y aura vn pillier quarre marqué A B C D lequel fera mis en racourçiffement premier que de faire aucuns rays de lumiere, apres foyent faicts les poincts de lumiere en l'Ignographie E & en l'Ortographie F foyent apres tirées les rays de lumiere en l'Ignographie des angles A D. qui font les extremitées du pillier, lefquels rays donneront contre la muraille aux poincts G H. foyent apres tiré defdicts poincts G H deux rays vifuels au poinct d'eflognement, apres faut raporter au racourçiffement lefdicts rays contre la muraille en cefte façon foyt prins la diftance I L. fur la ligne taillée, laquelle fera raportée à M N. & I. O. à M P. foyent apres tirées deux lignes perpendiculaires fur N P iufques au plancher de la chambre & foyent tirées apres N Q & P R en haut comme en bas, alors aurez l'ombre plané & la droicte dudict pillier & ne fera befoing de fe feruir du poinct de l'Ortographie, quand à l'ombre de la table & du cube, la figure demonftrera le moyen de la faire, ie n'ay voullu embrouiller la figure de lettres pour éuiter confufion & mefmement que le cube precedent donnera l'enfeignement comme ceftuy eft faict.

POVR

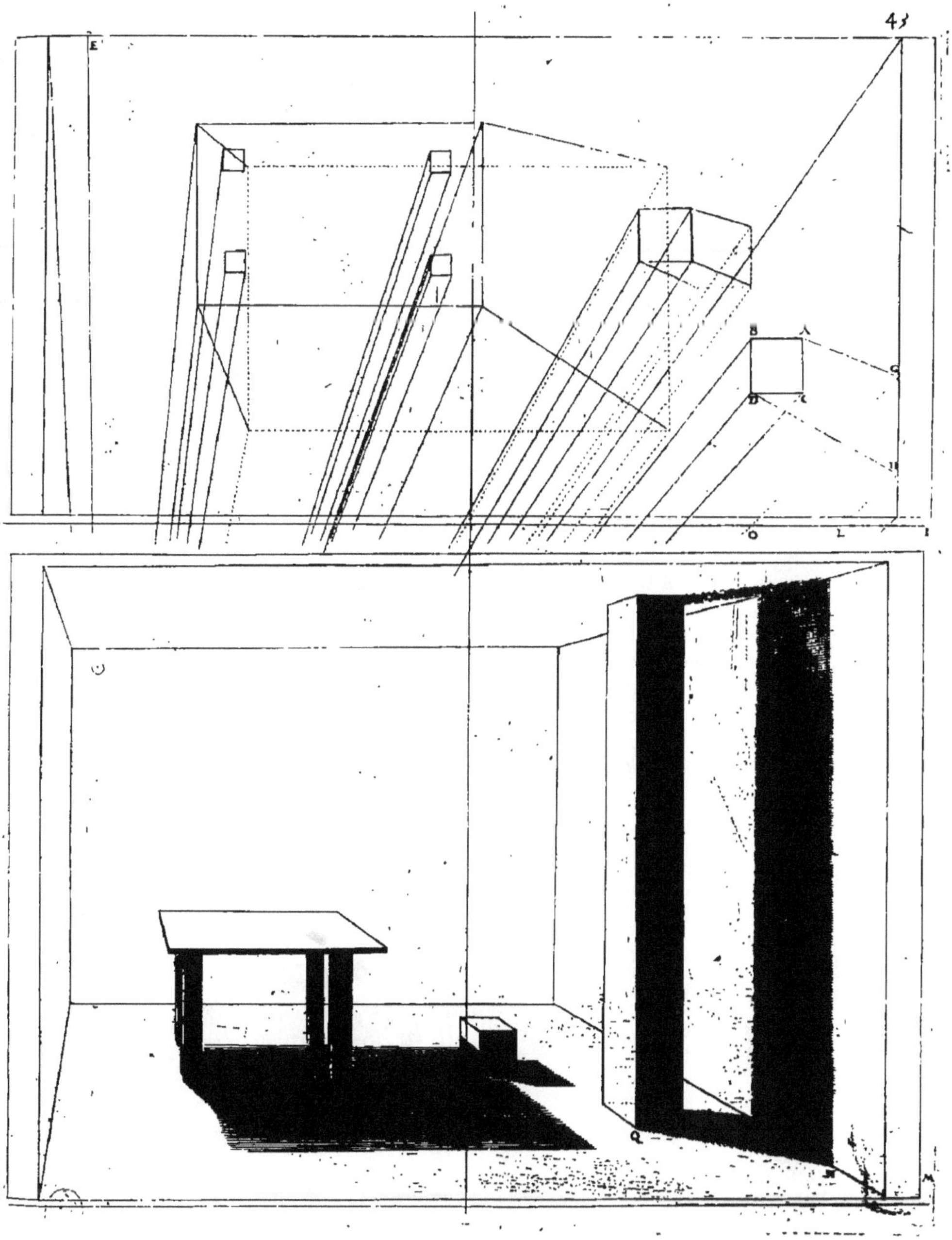
E
B
A
G
D
C
H
O
L
I
Q
M

POVR METTRE DEVX PILLIERS QVI SOV-
STIENNENT VNE TABLETTE EN RACOVR-
CISSEMENT AVEC LEVRS OMBRES.

Chapitre cincquiefme.

Oyent faicts les plans de l'Ortographie & Ignographie, & que le racourçiffement foyt auffi faict tout pres pour y apofer l'ombre, apres faudra encores faire deux femblables plans aufquels l'on tirera les rays de lumiere des poincts de lumiere d'hauteur & de longeur, lefquels rays donneront tous contre la muraille derriere les pilliers, apres foyt tiré de chacun angle de ladicte muraille des rays vifuels lefquels feront mis en racourçiffement en la perfpectiue en cefte forte foyt prins la hauteur du ray vifuel G. en la ligne taillée tant en l'Ortographie qu'en l'Ignographie lequel fera raporté au racourçiffemēt au poinct G. foyt apres prins le poinct N en l'Ortographie, & raporté ledict poinct perpendiculaire foubs G. car tout ce qui eft à droicts angles fur la ligne de terre rend fon ombre perpendiculaire contre vne muraille, apres foyt prins la diftance du ray vifuel M. en l'Ignographie qui fera raporté à la mefme hauteur de N. au racourçiffement au poinct M. foyt apres prins la diftance H. I. qui eft l'ombre des pilliers contre la muraille & auffi L M. qui eft l'ombre de l'autre pillier, lefquels ombres faut tirer en bas iufques contre terre, & les tirer apres des poincts qu'ils atouchent la terre iufques aux dicts pilliers, ainfi aurez l'ombre des deux pilliers & de la tablette, & cefte demonftracion feruira pour aprendre à rendre l'ombre aux colomnes ayant leur architraues frifes & corniches, comme fera demonftré par cy apres.

POVR

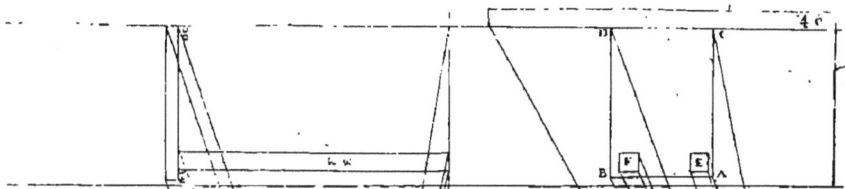

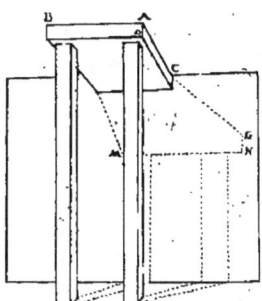

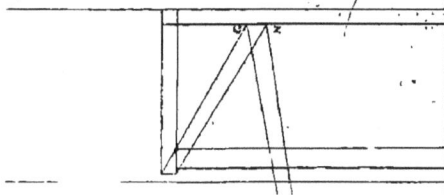

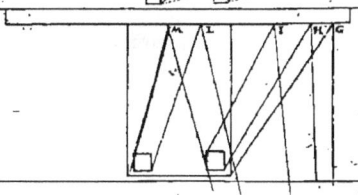

4.e

point de lumiere
de lorthografie

point de
lumiere de
l'ignografie

POVR METTRE VN CVBE SVR VNE TA-
BLETTE EN RACOVRCISSEMENT AVEC L'OMBRE
TANT DV CVBE QVE DE LA TABLETTE.

Chapitre sixiesme.

Aut faire le plan du cube sur la tablette dans vne chambre (à celle fin de demonstrer comme les ombres se doibuent faire contre les murailles d'vne chambre) & quand
le tout sera mis en racourçissement. Soyt posé les poincts
de lumiere en l'Ignographie & Ortographie A & B apres
soyent tirés les rays de lumiere premierement en l'Ortographie des angles du cube & de la tablette ainsi l'angle
du cube C donnera contre la muraille au poinct 3. & l'angle marqué D
donnera au poinct 4. l'angle marque E. donnera au poinct occulte 5. derriere le cube, faut raporter tous lesdicts poincts au racourçissement & ou le
ray de lumiere coupe la tablette au poinct G il faut tirer vn ray visuel & le
raporter au racourçissement & tirer vne perpendiculaire iusques contre la
terre au poinct H. du racourçissement & pareillement du poinct 3. faudra
tirer en bas vne perpendiculaire iusques sur la terre au poinct 1. & tirer les
lignes ocultes F. G. H. I. 3. 4. 5. puis faire l'ombre comme il se peut voir en
la figure. Or d'autant que l'angle du cube L. n'est posé sur la tablette, il iet-
tera son ombre contre vn des costez de ladicte tablette , il faudra tirer les
rays de lumiere dudict angle audict costé en l'vn & à l'autre plan, & en faire le raport au racourçissement au poinct M, apres faut faire l'ombre sur la tablette.

POVR

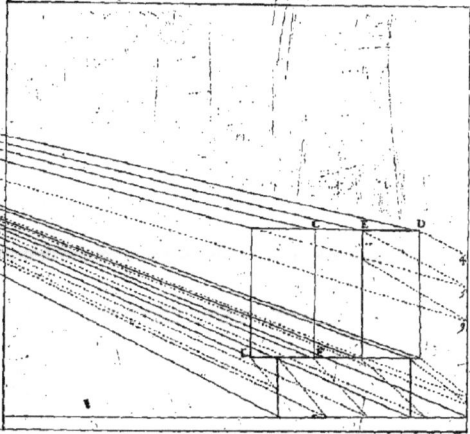

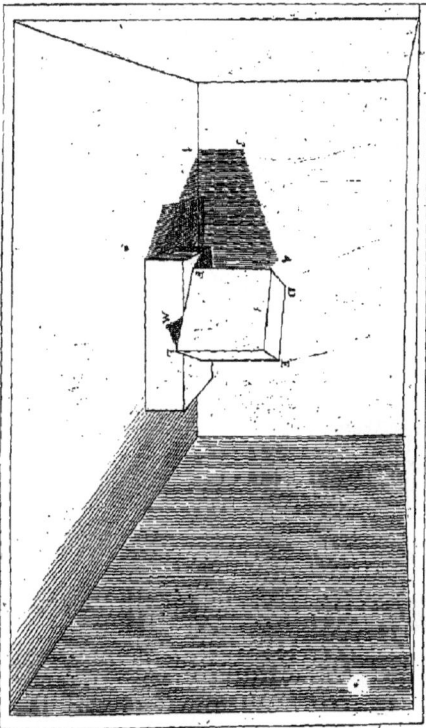

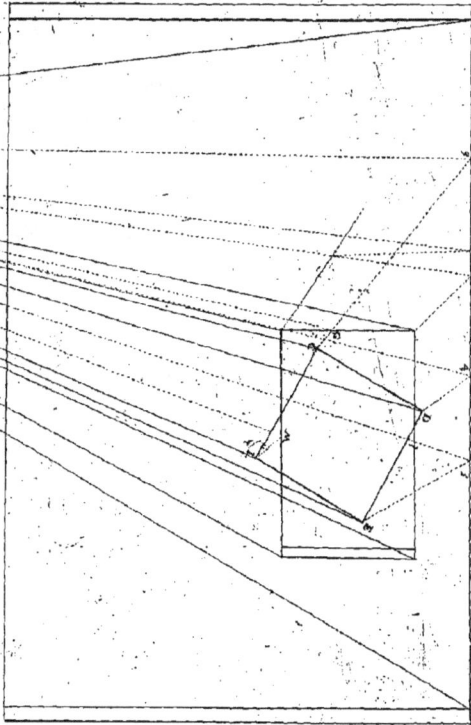

POVR METTRE VNE CROIS EN RACOVR-CISSEMENT AVEC SON OMBRE,

Chapitre feptiefme.

 Oyent les deux plans de la crois faicts laquelle fera plan-tée fur deux degrez ou tablettes & faudra en faire le ra-courçiffement premier que faire les ombres, apres foyent faicts deux femblables plans pour apofer l'ombre, & foyt le poinct de lumiere d'hauteur M. & celuy de longeur N. foyt apres defdicts poincts tirées tous les rays de lumiere de chacun angle de la figure de l'Ortographie iufques à la ligne de terre, apres foyent tirées les lignes ocultes paralelles à la ligne tail-lée en telle maniere que la ligne oculte partant du poinct F. qui eft le rayon des angles A B. fe viendra ioindre aux rays partans des mefmes angles de l'Ignographie lefquels fe ioignent aux poincts E G alors l'on tirera les ra-yons vifuels defdicts poincts E G du poinct d'eflognement & aufli celuy du poinct F au poinct d'hauteur, & faudra raporter lefdicts poincts au racour-çiffement E G & apres faut tirer des angles C D tant de l'Ortographie com-me de l'Ignographie les rays tant de lumiere que vifuels, & les raporter en-cores en la mefme façon comme les fufdicts & apres les mettre encores au racourçiffement, apres faudra en faire autant des autres angles du trauers de la Crois & les raporter en la mefme façon, & d'autant que les degrez font efleuez & que l'ombre de l'arbre droict de la Crois bat fur iceux faut tirer à A. C. de l'Ignographie deux lignes ocultes paralelles iufques à l'efleuation du degré en l'Ortographie & du poinct de ladicte efleuation l'on tirera les rays vifuels & les faudra encores raporter au racourçiffement, & ainfi faire iufques à l'acheuement.

POVR

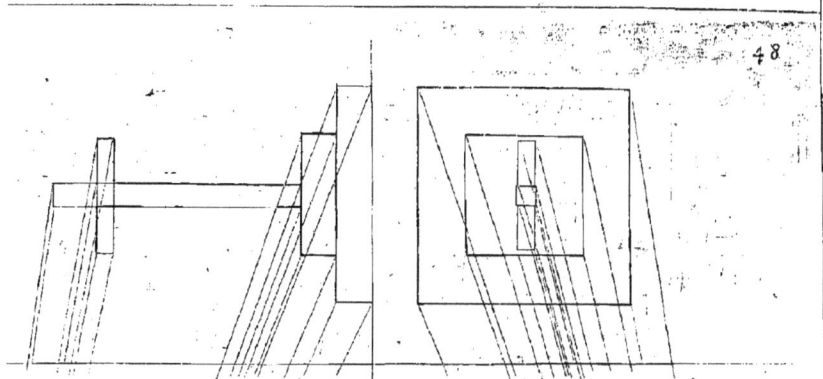

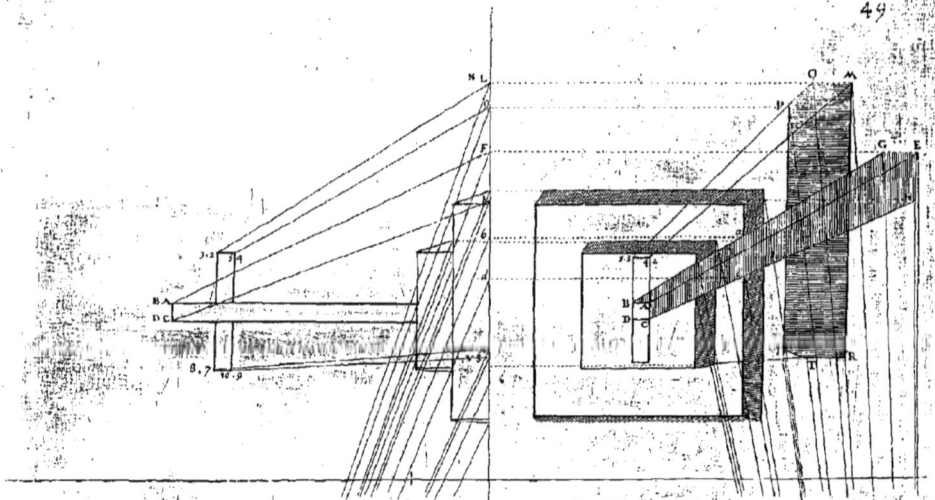

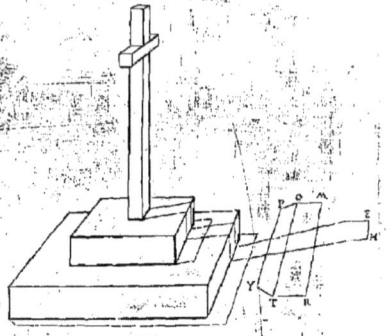

POVR PEINDRE CONTRE LA MVRAILLE

D'VNE CHAMBRE VNE CONTINVATION DE LA-
DICTE CHAMBRE AVEC AVCVNES FIGVRES,
ET AVSSI POSER LES OMBRES A TOVT
CE QVI EST PEINT DANS LADICTE
CHAMBRE.

Chapitre huictiefme.

A grande quantité de peintures mal ordonnées tant pour le poinct de veüe que pour l'ombre me faict donner icy aucuns enseignements pour acommoder ce que l'on voudra peindre à reprefenter naturellement la chofe que l'on defire, premierement il faut noter fuyuant le quatriefme Teorefme que les chofes qui font au deffoubs de l'orizon fe voyent par le deffus tellement qu'il y à plufieurs tableaux & mefmement des murailles ou font reprefentées des tables, pauements & autres chofes femblables qui fe doibuent voir par le deffus & doibuent eftre au de-foubs de l'orizon neaumoints la plus part defdictes peintures font efleuées fi haut que lefdictes tables & pauements font au deffus de l'orizon ce qui eft contraire à la nature & mefmement l'on y voirra à aucuns des anges ou figures haultes efleuées en l'air qui font faictes comme cy c'eftoyt pour les voir de haut en bas, c'eft pourquoy fi l'on defire d'acommoder aucunes peintures felon le poinct de veüe il faut neceffairement que ladicte peinture foyt auffi bas que le niueau de la terre ou de la chambre ou elle doibt eftre & faire le poinct de veüe iuftement de la hauteur de l'œil viron cinc pieds & demy ou fix pieds & tirer toutes les lignes felon les reigles de la perfpectiue audict poinct comme ie donneray icy vne exemple. Soyt vne muraille d'vne chambre longe de 22.pieds & haute de 14. contre laquelle ie defire peindre vne continuacion de ladicte Chambre auec quelques figures dedans, premierement faut faire les plans de la dicte chambre & de tout ce que l'on defire qui foyt dedans & en faire le racour-ciffement fuyuant comme il fe peut voir aux figures defdicts plans ou i'ay mis deux figures qui fe promenent & vne affife pres du feu tenant vn liure en fa main & vne table & vn lict, quand le tout fera mis en racourçiffement, fi defirez y apo-fer l'ombre il faudra faire deux autres plans & faire le poinct de lumiere à l'vne des feneftres s'il y en auoit vne naturelle en ladicte chambre du mefme cofté de la muraille peinte, finon prendre ladicte lumiere d'vne autre feneftre de l'autre cofté de ladicte peinture & dudict poinct de lumiere tirer tous les rays de lumie-re, lefquels faudra mettre en racourçiffement comme à efte enfeigne, & quand aux ombres des figures il fuffit de tirer trois ou quatre rays aux extremitées de leur corps iufques en terre pour fçauoir au peu pres ou ladicte ombre donne, car l'on ne peut faire l'ombre à des corps compofées des lignes courbes (comme font des figures des perfonnages) fi exactement comme à des figures compofées de lignes droictes, ie n'ay voulu embrouiller la figure de lettres pour en donner la demonftration fur les plans lefquels fufiront auec ce qui à efté enfeigné au precedent pour entendre le tout.

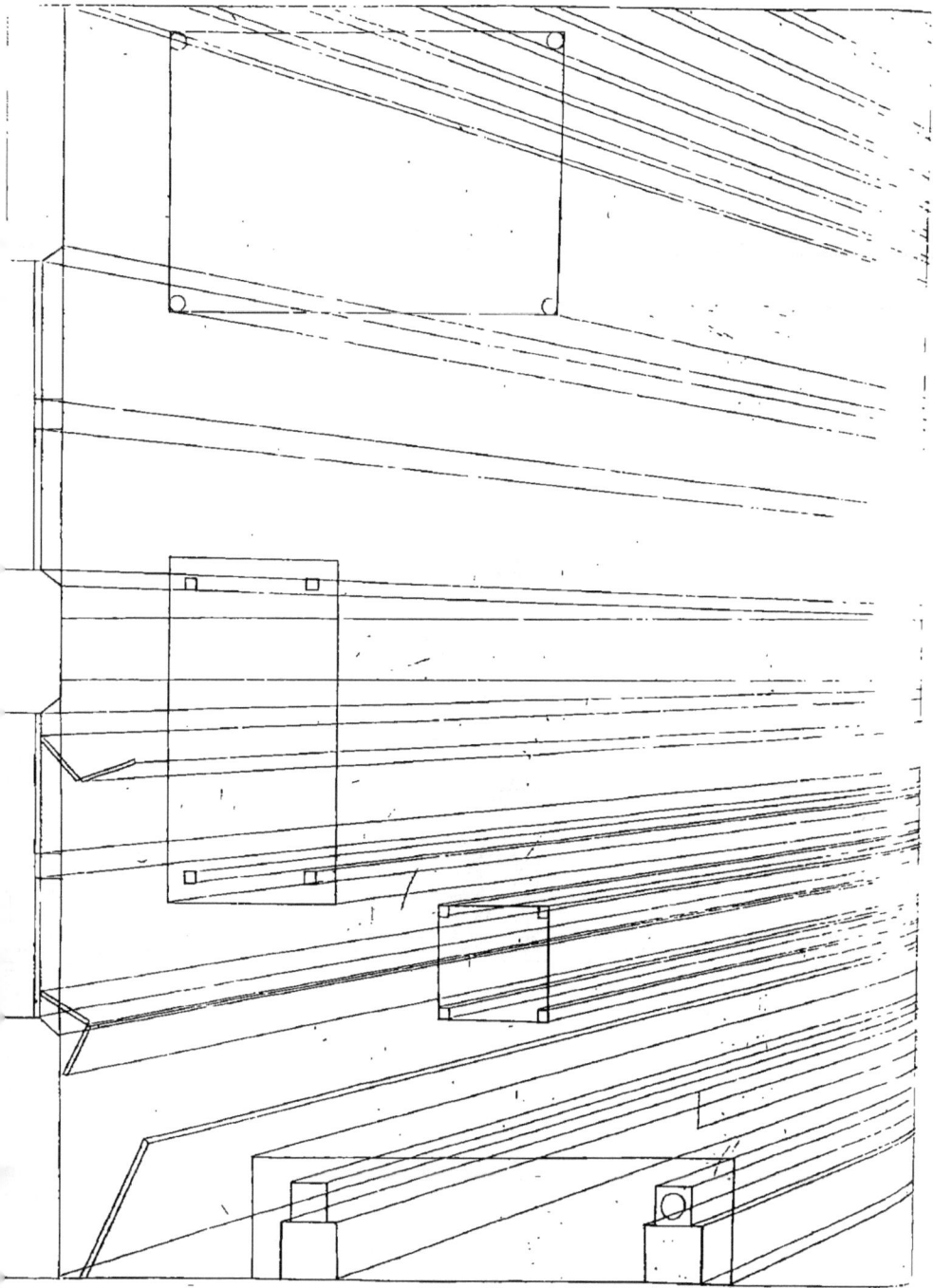

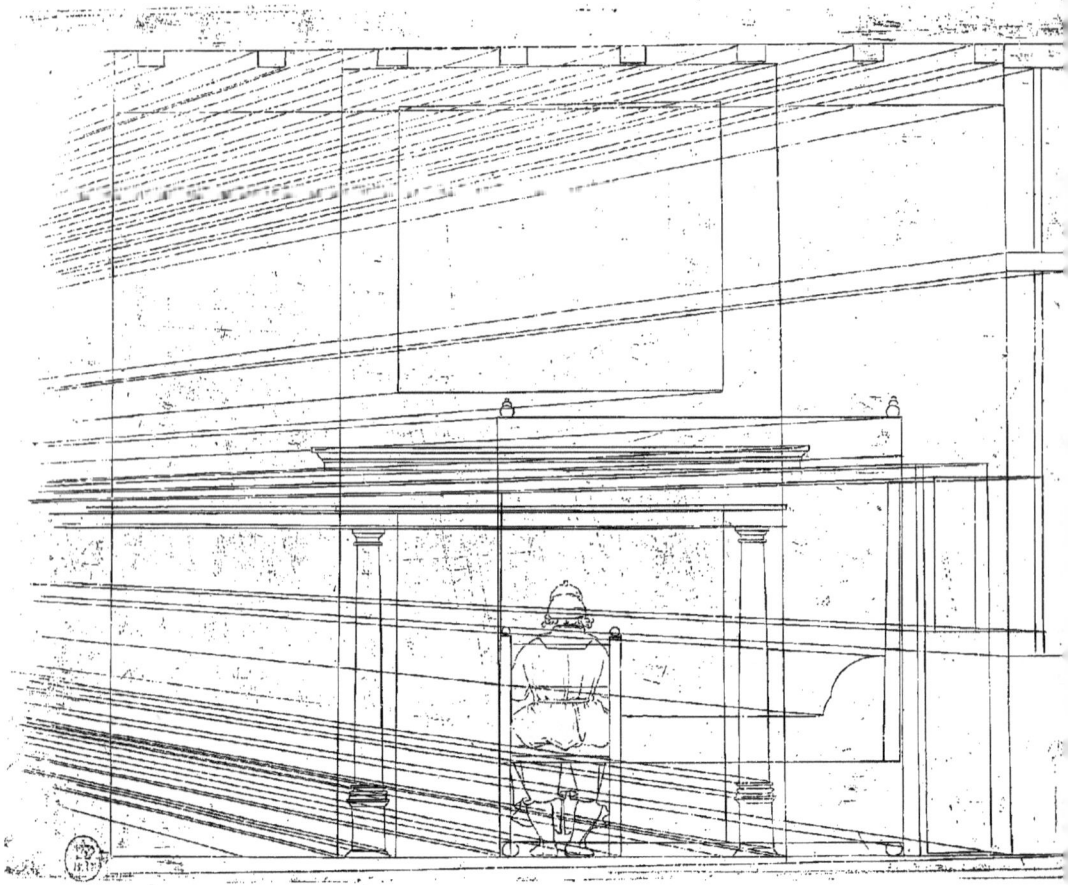

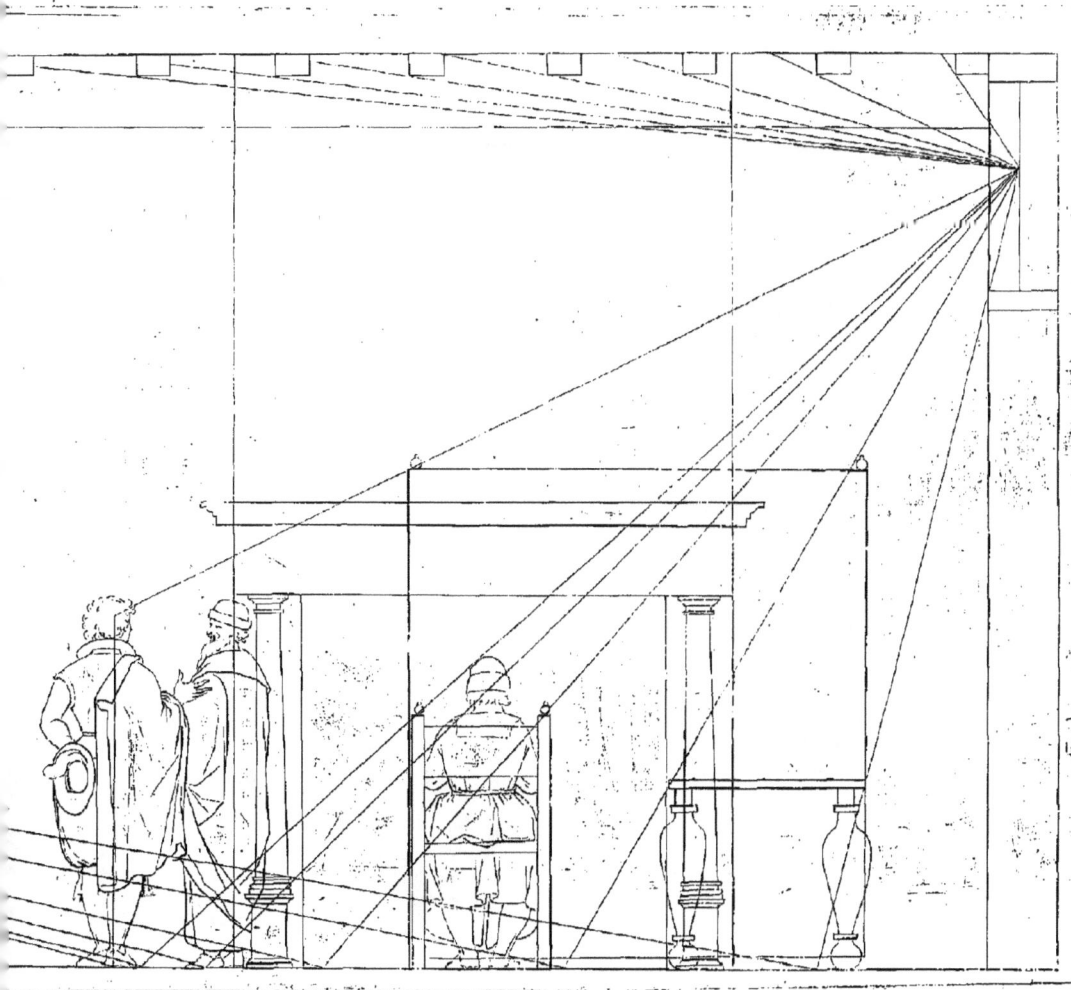

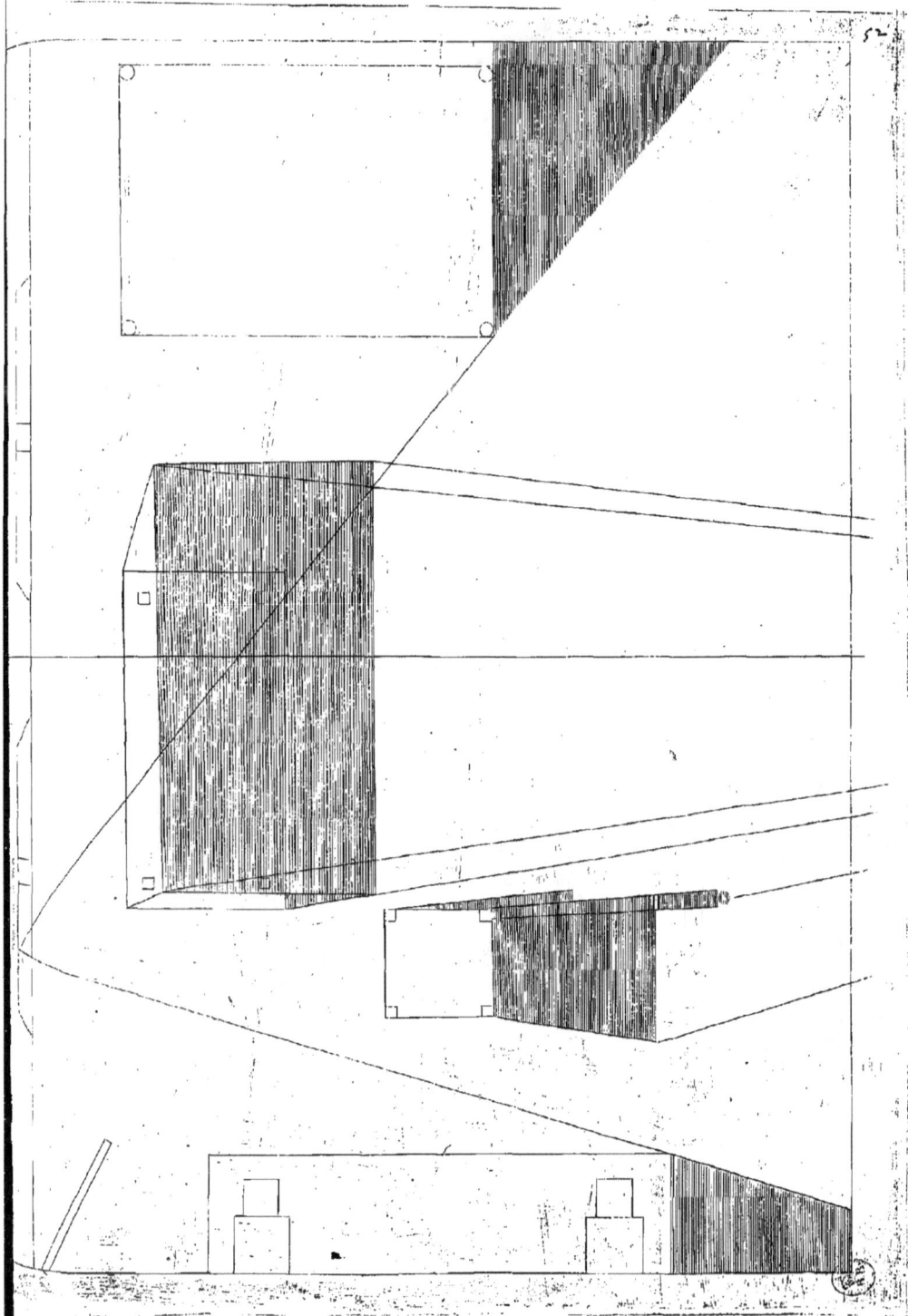

Chapitre nœufuiesme.

S I c'estoit que l'on eust vne grande muraille de galerie ou salle à peindre de cinquante ou soisante pieds de long contre laquelle l'on desire auoir quelque histoire depeinte en plusieurs parties il sera bon qu'entre lesdictes parties il y eust quelque Architecture de colonnes pour faire la separacion des tableaux, i'en donneray icy vne exemple ou les colonnes auec les architraues frises & corniches sont representées comme si elles estoyent naturelles auec leurs ombres & les peintures qui sont dedans sont faictes à plaisir sans estre assubiectis au poinct de veue tellement que le Frontispice representera estre faict de marbre & les huict figures entre les colonnes sçauoir les 4. d'enhaut representeront les 4. faisons de l'année , & les 4. d'enbas les 4. parties du iour seront peintes aussi comme si elles estoyent de marbre ou de brouse aux six places entre les colonnes sera l'histoire de Phaeton comme il demande la conduicte du Soleil à Apollon son Pere qui fut cause de sa ruine, i'ay mis icy les deux plans des racourcissement & aussi les deux plans des ombres, à celle fin que l'on puisse comprendre comme letout est faict le poinct de lumiere est posé en deça du Frontispice c'est à dire entre l'oeil & la muraille. Il est besoing de faire les peintures deuant que de faire l'ombre des colonnes & apres faire que ladicte ombre puisse donner contre lesdictes peintures comme si c'estoyt l'ombre quand le Soleil luict, si letout est faict comme il conuient auec les raisons icy demonstrées sans doubte ce sera vn ouurage excellent , car tout ce qui est imité de la nature auec la raison ne peut estre autre.

POVR

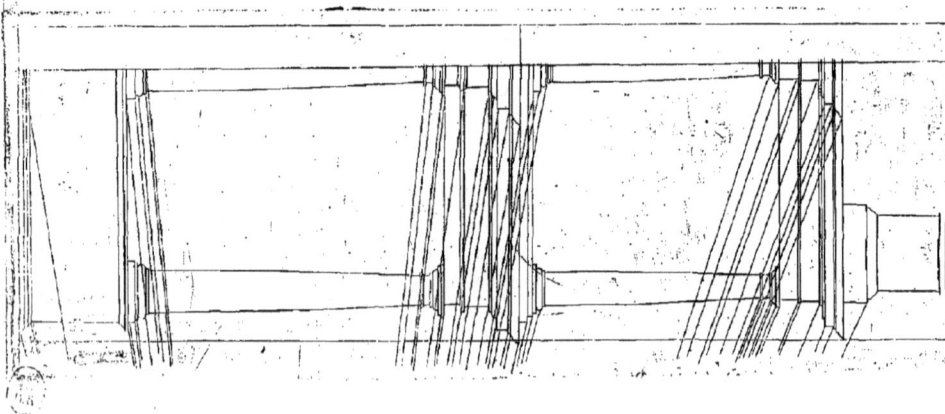

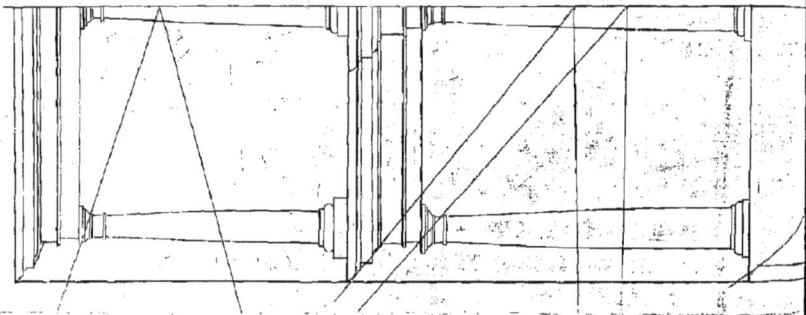

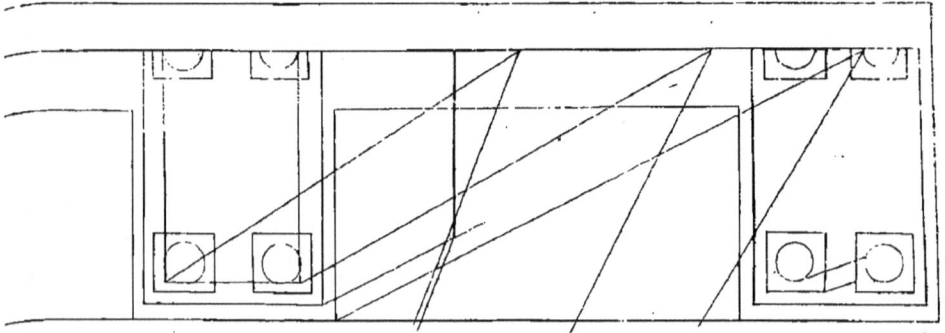

Pour peindre contre le bout d'vne galerie vne aultre galerie, en sorte qu'en-
trant en la susdite galerie, il semblera qu'elle soit encores vne fois,
ou deux, ou trois aussy longue comme est la
naturelle.

Chap. 10.

L a esté demonstré par cy deuant au Chap.25.du premier liure, comme il fault mettre vn Iardin en racourcissement contre la muraille d'vn Iardin. Ceste presente proposition se fait en la mesme façon, tellement qu'il fauldra faire le plan en la mesme maniere comme est la galerie, & aussy long comme on veult que la galerie paroisse plus longue:& ceste maniere de peinture estant bien faite, l'on pourra peindre aulcunes figures dedans: comme si les vns se promenoient les aultres se iouront ensemble, de sorte que l'on y pourra peindre ce que l'on vouldra. Et si la peinture est bien faite, il semblera vrayement que la galerie sera beaucoup plus longue qu'elle n'est:& pour demonstrer comme ledit racourcissement doibt estre veu, i'ay aposé la petite figure à l'entrée de la galerie, & à l'aultre bout est le racour- cissement qui se leuera à droits angles sur le papier , alors estant veu du poinct de l'œil de la petite figure (qui se leuera aussy à droits angles) le pa- uement de la peinture semblera continu auec, aussy les fenestres & tout le reste auec le naturel de la galerie.

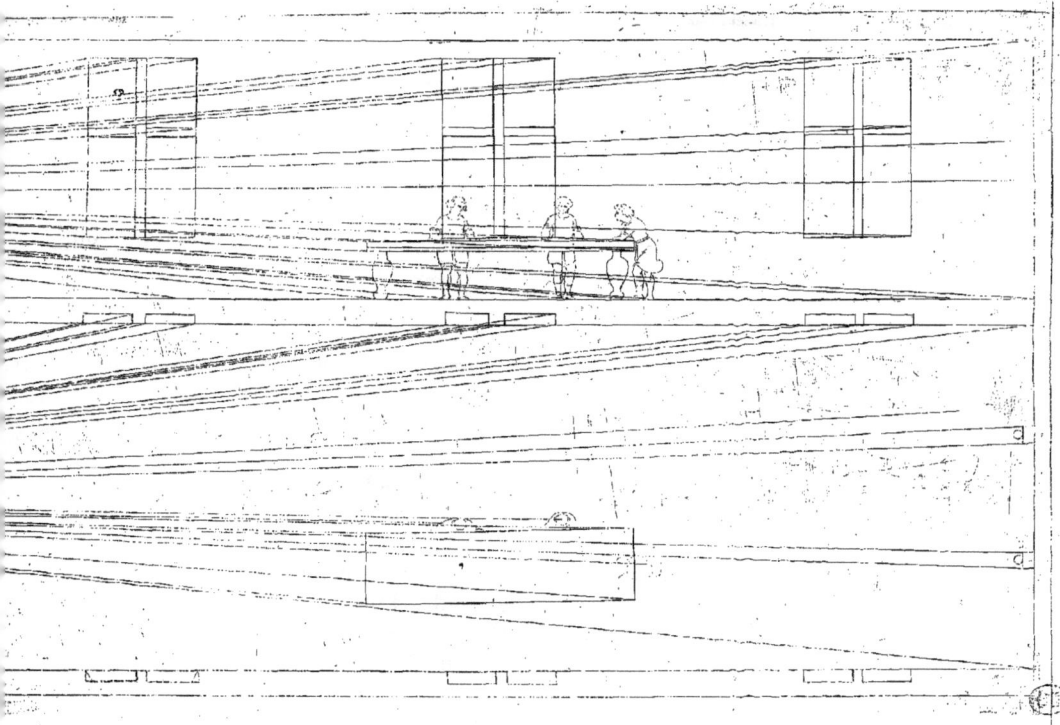

DES CHOSES QVI APA-

ROISSENT AVX MIROIRS PLANES,
& la raison de telles apparitions.

THEORESME I.

TOus Miroirs planes rapportent leurs obiects à l'œil en la mesme forme comme si la chose visible estoit aultant derriere ledit Miroir comme elle est
deuant.

EXEMPLE.

SOit la chose visible A. B. le Miroir C. D. & le point de veue E. &
pour sçauoir de quelle forme & grandeur se verra A. B. au Miroir, soit
prolongé C. D. vers F. & soit fait la chose visible de l'autre costé du Miroir
à droits angles d'iceluy, & aussi loing derriere ledit Miroir comme ladite
chose visible est deuant, & ce qui est derriere sera marqué G. H. apres soient
tirées de ladite chose visible de derriere les rais visuels, ladite chose visible se
monstrera au Miroir de la grandeur I. L.

THEORESME II.

TOus Miroirs planes rapportent leurs obiects à l'œil en la mesme forme comme
si l'on voioit la dite chose visible à trauers vne verre plane en la place du Miroir, & que ladite chose visible fut aussi loing derriere le verre comme
elle est deuant.

EXEMPLE.

SOit la chose visible A. B. le Miroir C. D. & le point de veue E. soit
vne piece de verre posée sur C. D. & que la chose visible soit mise derriere ladite piece de verre à droits angles, & fault que chacun bout de ladite chose visible soit mis de pareil eslonguement, asçauoir G. M. comme
M. A. & H. N. comme N. B. apres fault tirer les rais visuels de la chose visible G. H. au point de veue E. il est certain que le verre la representera en
I. L. en la mesme maniere comme les Miroirs planes representent les choses en mesme estat comme si les dites choses estoyent veus à trauers vn
verre plane, moyennant que les dites choses fussent aussi loing derriere le
verre comme ils sont eslongnez du Miroir.

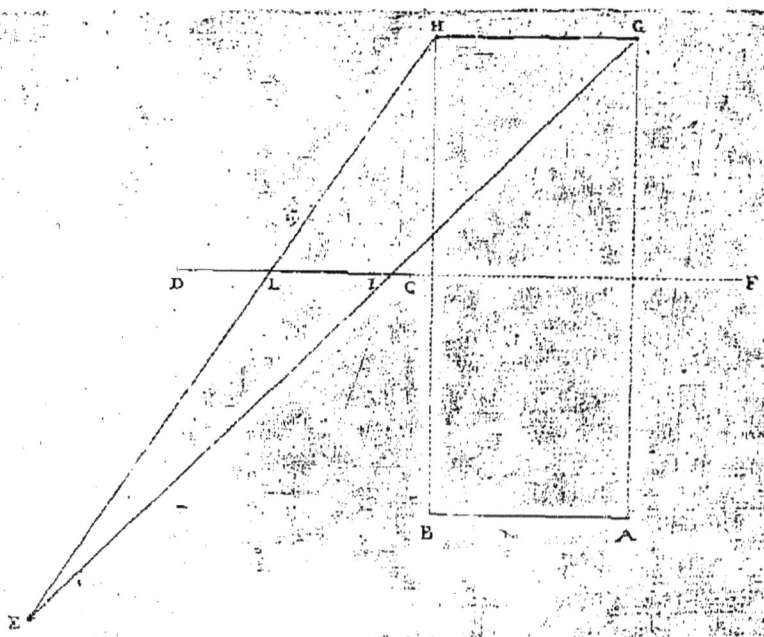

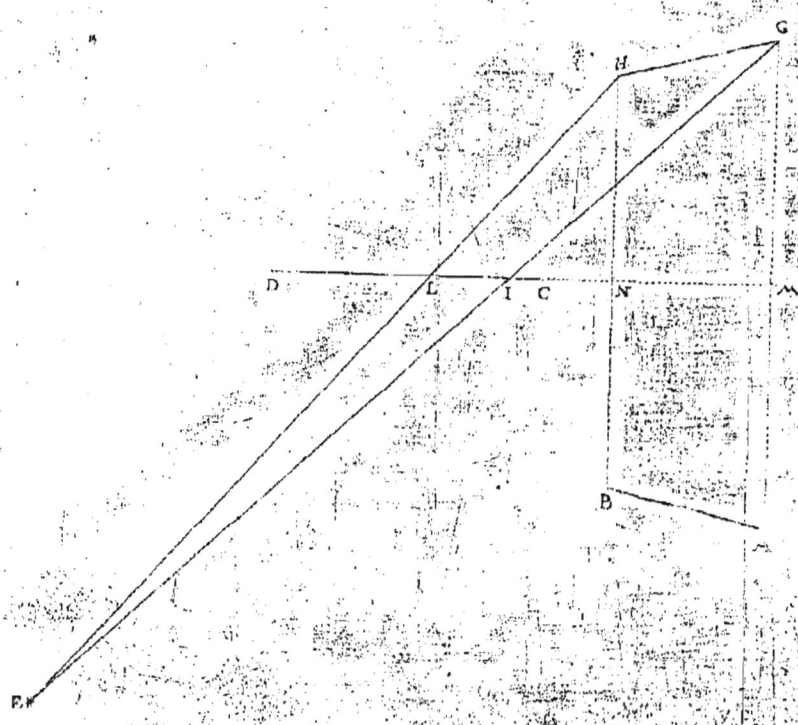

A chose visible estant pourtraite contre le Miroir plane, est semblable à la mesme chose qui seroit mise en racourfissement autant derriere le Miroir comme ladite chose est deuant.

EXEMPLE.

SOit vne tablette marquée A.B.C.D. sur laquelle sera vn cube marqué E. F.G.H. & le Miroir I.L. qui sera paralelle au costé dudit cube E.F. & le point de veue sera M. tellement que pour voir comme ledit cube se monstre dedans le Miroir, il fauldra mettre vn aultre cube autant derriere ledit Miroir comme cestuy cy est deuant, qui sera marqué P.Q. N.O. aussi paralelle au Miroir. Fault faire aussi l'ortografie en la mesme façon, & tirer les rais visuels, & mettre le tout en racourfissement: ainsi le cube E.F.G.H. sera representé dans le Miroir par celuy P.Q. N.O. & le costé de derriere dudit cube se monstre dans le Miroir estre le costé de deuant, & aussi l'ombre dudit cube se monstre deuant au Miroir d'autant quelle est derriere sur la tablette.

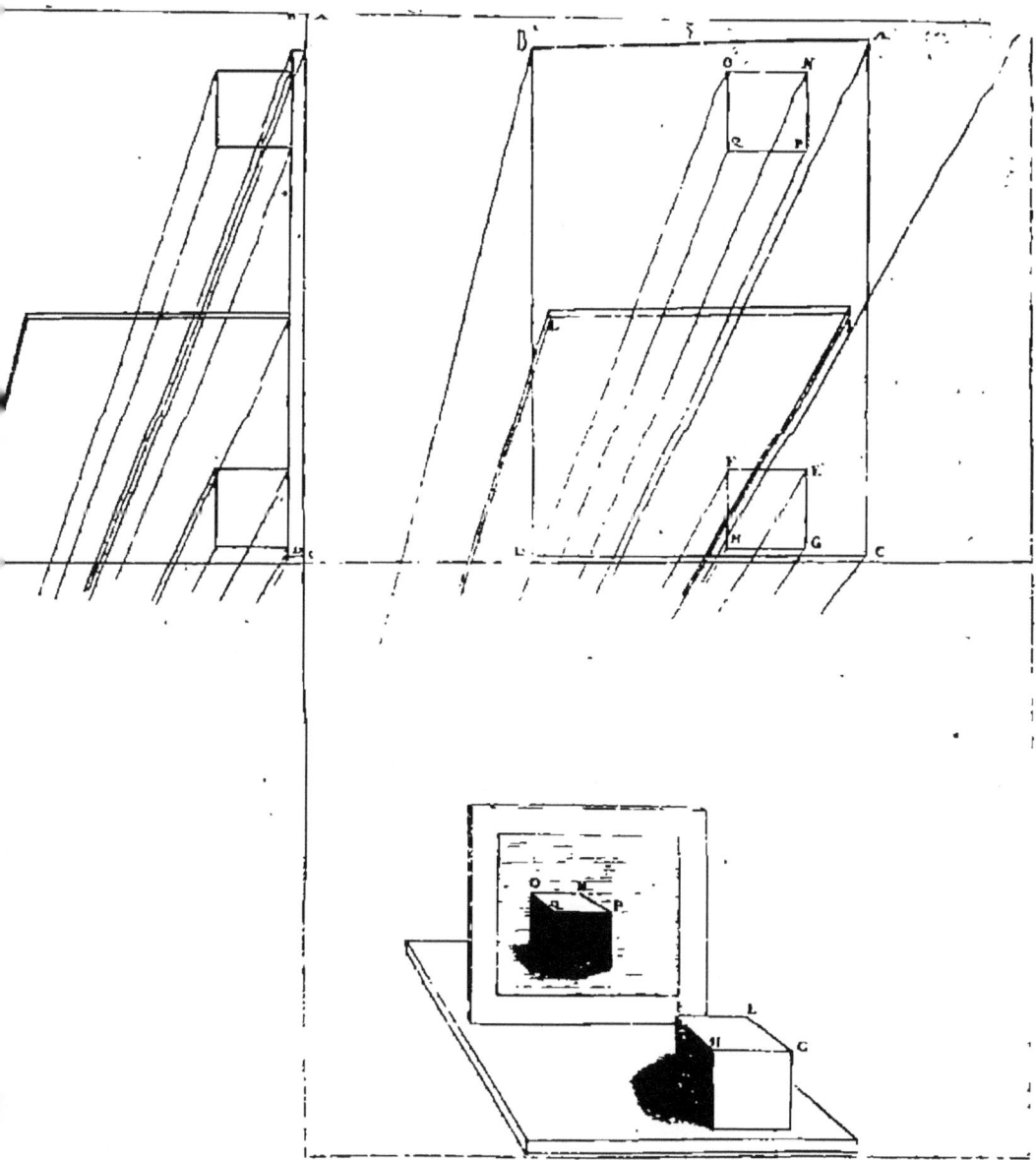

M 4

THEORESME IIII.

SY vn cube ou aultre corps composé de lignes droites n'ayant nul costé paralelle au Miroir, le mesme angle qui est en la figure derriere ledit Miroir sera de pareil eslongnement que celuy qui est du mesme costé du cube ou de la chose veuë.

EXEMPLE.

SOit le cube A.B.C.D. & le Miroir I.L. or d'aultant que le costé A.D. n'est pas paralelle au Miroir, il faudra vser en ceste façon : tirez quatre lignes occultes à droits angles sur le Miroir, passantes oultre de l'autre costé aussi longnes comme est la distance de chacun desdits angles du cube, iusques au Miroir, & formez l'esfigie dudit cube comme il est marqué H.G.E. F. tellement que l'angle E. de ladite efigie representera l'angle du cube A. celuy F. representera D. celuy H. representera B. & celuy G. representera ... faudra apres tirer les rais visuels, & mettre le tout en racourcissement.

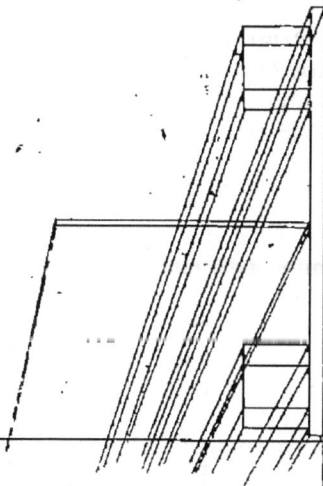

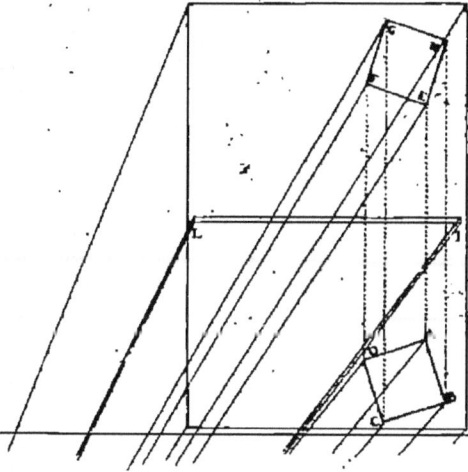

THEORESME V.

Y le cube precedent eſtant mis en racourciſſement, veu de la meſme di-
ſtance & la meſme hauteur (mais la ligne taillée eſtant de l'autre co-
ſté de la tablette) il ſera d'vne aultre forme, tant le dit cube comme
la repreſentation d'iceluy dedans le Miroir.

EXEMPLE.

I'Ay demonſtré au Chapitre cinq & ſixieſme de la perſpectiue, que ſuiuant la diſpoſition de la ligne taillée (qui eſt ce qui reçoit l'obiect de la
choſe viſible) ainſi di-je comme elle eſt ſituée, ainſi nous aurons la choſe viſible au racourciſſement; & comme au dits cinq & ſixieſme Chapitres ie
n'ay point ſi bien au long demonſtré la raiſon de cecy, comme il ſera encores demonſtré au preſent Theoreſme, ſoit le meſme cube tablette & Miroir
faits comme au precedent en lignografie, & auſsi le meſme point d'eſlongnement, & ſoyent tirées les meſmes rais viſuels: mais au lieu que la ligne
taillée au precedent eſt paralelle au coſté O. P. nous la ferons icy au coſté P.
Q. ainſi cela aportera du changement en l'ortografie, & auſsi aux diſtances
des points de longueur & hauteur, comme cela ſe peult comprendre par la
figure, & apres le racourciſſement ſera fait. Lequel ſemble y auoir vn de-
fault au coſté E.F. du cube qui eſt dans le Miroir, & à celuy C.D. qui eſt
ſur la tablette, d'aultant qu'il ſemble que ſes deux coſtez ſoient plus longs que
hauts, & ne ſemblent eſtre quarrez; mais cela aduient d'aultant que le point
d'eſlongnement eſt trop de coſté & trop pres de la choſe viſible, au Theoreſme ſuiuant il ſera monſtré de mettre ledit cube en vne bonne ſtation,
pour ſe monſtrer d'vne bonne forme au racourciſſement.

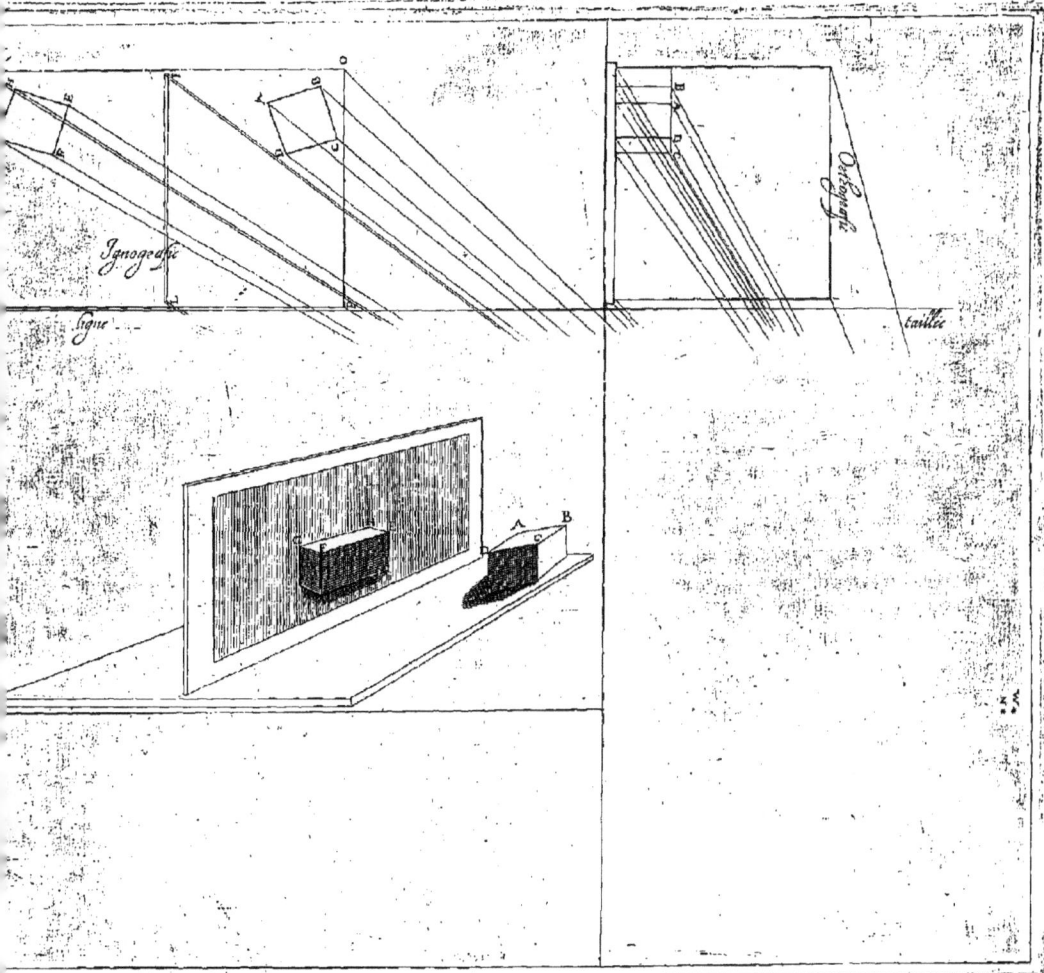

Ignografie

ligne

Ortografie

taillée

S Y le point d'eslongnement est plus à l'opposite, & non tant de costé comme aux deux precedents Theoresmes, la figure du racourcissement se monstrera plus parfaite, tant du cube comme de son effigie dans le Miroir.

EXEMPLE.

SOient faits les plans comme aux precedentes, & le point d'eslongnement sera posé en sorte qu'il pourra descouurir deux des costez de chacun cube, estant ledit point d'eslongnement le plus droit opposé sur la tablette que se pourra faire: & sauldra pour ce faire approcher le Miroir vn peu plus pres du point d'eslongnement, d'aultant que les rais visuels lesquels prouiennent de l'effigie du cube passeroient de costé du Miroir, ainsi le racourcissement sera fait suiuant ceste distance, lequel se monstre beaucoup mieux que les precedents: ainsi fault il quand l'on veut mettre quelque chose en racourcissement, mettre le point d'eslongnement de telle façon que l'on puisse voir & descouurir le plus que l'on pourra des choses que l'on desire representer: & faut se garder de mettre ledit point trop pres, & aussi trop costé, d'aultant (comme i'ay dit) que le racourcissement s'en monstrera difforme.

Y le point d'eslongnement est plus à l'opposite, & non tant de costé comme aux deux precedents Theoresmes, la figure du racourcissement se monstrera plus parfaite, tant du cube comme de son effigie dans le Miroir.

EXEMPLE.

SOient faits les plans comme aux precedentes, & le point d'eslongnement sera posé en sorte qu'il pourra descouurir deux des costez de chacun cube, estant ledit point d'eslongnement le plus droit opposé sur la tablette que se pourra faire: & fauldra pour ce faire approcher le Miroir vn peu plus pres du point d'eslongnement, d'aultant que les rais visuels lesquels prouiennent de l'effigie du cube passeroient de costé du Miroir, ainsi le racourcissement sera fait suiuant ceste distance, lequel se monstre beaucoup mieux que les precedents: ainsi fault il quand l'on veut mettre quelque chose en racourcissement, mettre le point d'eslongnement de telle façon que l'on puisse voir & descouurir le plus que l'on pourra des choses que l'on desire representer: & faut se garder de mettre ledit point trop pres, & aussi trop de costé, d'aultant (comme i'ay dit) que le racourcissement s'en monstreroit difforme.

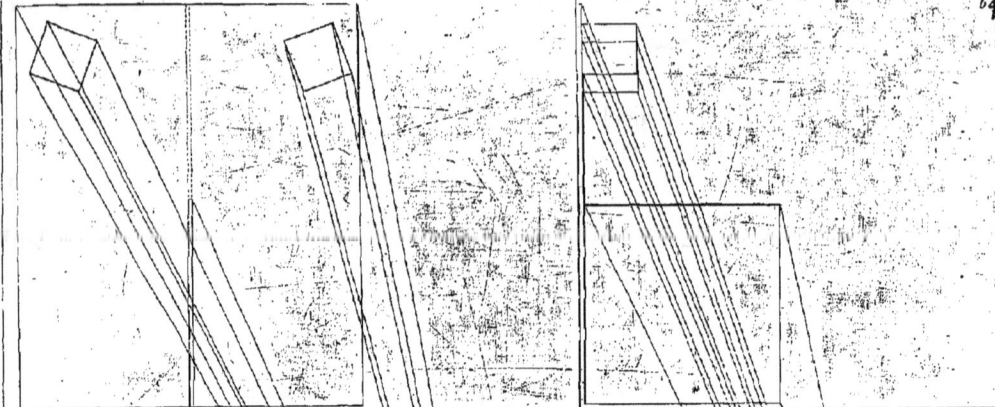

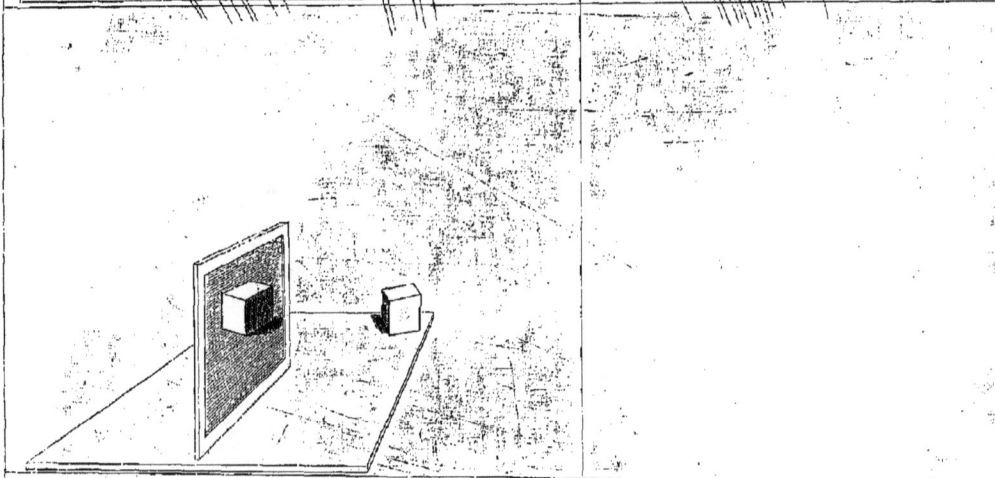

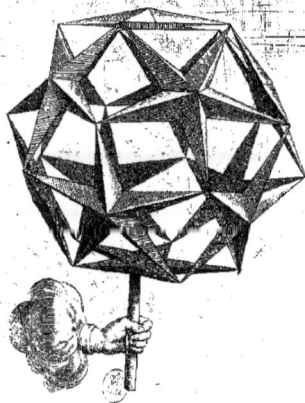

www.ingramcontent.com/pod-product-compliance
Lightning Source LLC
Chambersburg PA
CBHW051731090426
42738CB00010B/2206